And then, and then and then and then and then (Blue)
1996
3000×3000mm
Acrylic on canvas mounted on board
Courtesy Shiraishi Contemporary Art Inc.,Tokyo

Time Bokan-pink
2001
1800×1800mm
Acrylic on canvas mounted on board
Courtesy Marianne Boesky Gallery, NY

727
1996
3000×4500×70mm
Acrylic on canvas mounted on board
Courtesy Tomio Koyama Gallery, Tokyo/Blum&Poe, LA

The Double Helix, Reversal
2001
3000×3000×50mm
Acrylic on canvas mounted on board
Courtesy Tomio Koyama Gallery, Tokyo

Tan Tan Bo
2001
3600×5400×67mm
Acrylic on canvas mounted on board
Courtesy Tomio Koyama Gallery, Tokyo

Tan Tan Bo Puking - a.k.a. Gero Tan

2002
3600×7200×67mm
Acrylic on canvas mounted on board
Courtesy Galerie Emmanuel Perrotin, Paris

Miss ko^2 (Project ko^2)

1997

1860×680×650mm

Oil paint, acrylic, fiberglass and iron

Courtesy Tomio Koyama Gallery, Tokyo

Photo by Kazuo Fukunaga

Miss ko^2 (Perfect Edition)

ED200

1999

532×145×215mm

Oil-base paint, polystone

Original mold by BOME(Kaiyodo)

Second Mission Project ko^2 (jet airplane type)
Second Mission Project ko^2 (human type)

1999

550×1930×1860mm, 2750×2520×1400mm

Oil paint, acrylic, fiberglass and iron

Courtesy Blum&Poe, LA

Photo by Frank Oudemann

The SUPERFLAT MUSEUM series by Takashi Murakami

Sculptured by Kaiyodo.

Courtesy TAKARA Co.,Ltd

NIRVANA

2001
2800×5600×50 mm
Acrylic on canvas mounted on board
Courtesy Tomio Koyama Gallery, Tokyo

Genki Ball

2000
1200×1200mm
Acrylic on canvas mounted on board
Courtesy ISSEY MIYAKE BY NAOKI TAKIZAWA

Red Rope
2001
1200×1200mm
Acrylic on canvas mounted on board
Courtesy Tomio Koyama Gallery, Tokyo

My Lonesome Cowboy
1998
2540×168×910mm
Oil paint, acrylic, fiberglass and iron
Courtesy Blum&Poe,
LA/Marianne Boesky Gallery, NY
Photo by Joshua White

Hiropon
1997
2235×1040×1220mm
Oil paint, acrylic, fiberglass and iron
Courtesy Tomio Koyama Gallery,
Tokyo/Blum&Poe, LA
Photo by Joshua White

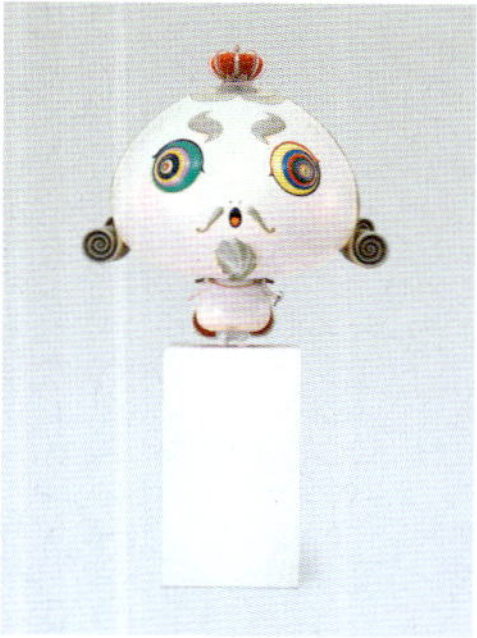

The Emperor's New Clothes
2005
1890×1090×1020mm
Fiberglass, resin, oil paint, lacquer,
acrylic plates, fabric, iron and wood
Courtesy Galerie Emmanuel Perrotin, Paris
Photo by Masashi Ono

Inochi
2004
1400×584×292mm
FRP, oil paint, steel and lacquer
Courtesy Blum&Poe, LA
Photo by Joshua White

Reversed Double Helix
2003
7000×3400×3400mm
Urethane paint, fiberglass and steel
Courtesy Marianne Boesky Gallery, NY
Photo by Tom Powel

Planet 66
2003
Dimensions Variable
Courtesy Roppongi Hills, Tokyo

Kawaii - vacances
2002
3000×9000mm
Acrylic on canvas mounted on board
Courtesy Galerie Emmanuel Perrotin, Paris

Jellyfish Eyes-MAX&
Shimon in the Strange Forest
2004
1500×1500×50mm
Acrylic on canvas mounted on board
Courtesy Blum & Poe, LA

Eco Eco Rangers Earth Force
2005
448×1281mm
Silk, wood, silver leaf and paper

Super Nova
1999
3000×10500×70mm
Acrylic on canvas mounted on board
Courtesy Marianne Boesky Gallery, NY

Cherry
2005
760×760mm
Silkscreen

Eye Love SUPERFLAT
2003-2006
1000×1000mm
Acrylic on canvas mounted on board
Courtesy Marianne Boesky Gallery, NY/Galerie Emmanuel Perrotin, Paris

Installation view of "Superflat"

Museum of Contemporary Art, Los Angeles
GROOVISIONS, Yoshitomo Nara, ENLIGHTENMENT, others
2001
Photo by Joshua White

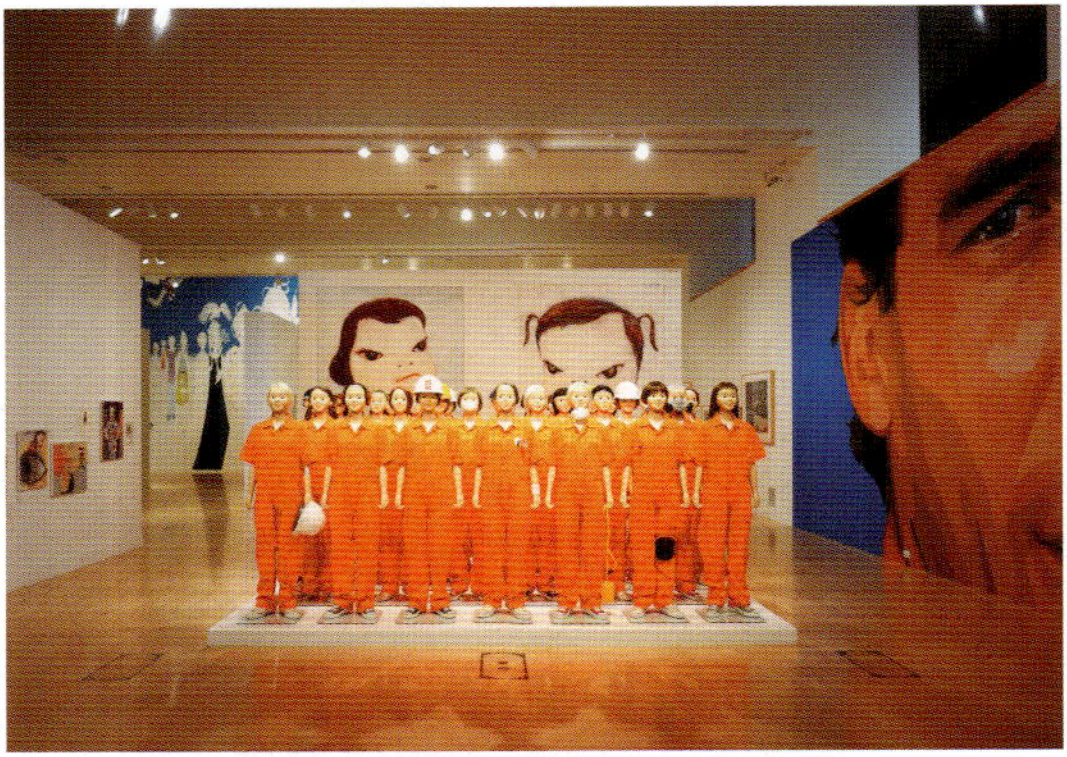

Installation view of "Little Boy"

Japan Society, New York City
Zak, Yuru-chara, Sanrio Co.,Ltd., others
2005
Photo by miget

芸術起業論

村上　隆

幻冬舎文庫

芸術起業論／目次

第四章　才能を限界まで引きだす方法 165

芸術起業論

第一章　芸術で起業するということ

芸術には、世界基準の戦略が必要である

なぜ、これまで、日本人アーティストは、片手で数えるほどしか世界で通用しなかったのでしょうか。

単純です。

「欧米の芸術の世界のルールをふまえていなかったから」なのです。

欧米の芸術の世界は、確固たる不文律が存在しており、ガチガチに整備されております。

そのルールに沿わない作品は「評価の対象外」となり、芸術とは受けとめられません。

ぼくは欧米のアーティストと互角に勝負するために、欧米のアートの構造をしつこく分析しました。

仮説と検証の連続から芸術制作マネジメントの技術も磨いてきました。

アートピースとは、作り方や売り方や伝え方を知らなければ生みだせないものなのです。

欧米の芸術の世界に挑戦する人のやるべきことは、運動や娯楽で世界に挑戦する人のやるべきことと変わりません。

勉強や訓練や分析や実行や検証を重ねてゆき、ルールをふまえた他人との競争の中で最高

の芸を見せてゆくのが、アーティストという存在なのです。

日本の美術の授業は、ただ「自由に作りなさい」と教えますが、この方針にしても、欧米の現代美術の世界で勝ち抜くためには害になりかねません。

自分勝手な自由からは無責任な作品しか生まれません。

欧米の美術の文脈の下地を把握しなければ、美術の本場に「ルールの違う戦い」を挑むことになり、戦う以前に相手にされないのです。

欧米を中心にした芸術の世界で取引されているのは、人の心です。

芸術の世界に踏みこめば踏みこむほど、アーティストの目的は人の心の救済にあるのではないかと感じるようになりましたが、それなら、自分の欲望をはっきりさせなければなりません。

芸術家は、欲望とどうつきあうのかを強く打ちださなければならないのです。

ものが欲しい。カネが欲しい。権力が欲しい。女にモテたい。出世をしたい。

欲望の強さは芸術制作の邪魔にはなりません。むしろ問題は日本の芸術家に強烈な欲望がないことです。

芸術家になる根拠の濃度を高めれば、やりたいことがはっきりします。

携帯電話やガングロや下着売りや少女売春などという近年の日本固有の事象や風俗を追い

かけるだけでは、外国人への衝撃も与えられません。もちろん既存のアートフォームのおさらいだけでは歯牙《しが》にもかけてもらえません。

ニュースは、個人の「業」から出るものです。

自分自身のドロドロした部分を見つめなければ、世界に認められる作品なんてできません。

欲望の方向が見つかる。

走りだしはじめる。

あとはもう長期戦を覚悟すべきです。

時間をかけてやるしかありませんが、それに加えて芸術制作を続けるにはそのための資金がそれなりに必要だということは最低限でも理解しておいた方がいいでしょう。

日本人の芸術家は、商売意識が薄く、芸術を純粋無垢《むく》に信じる姿勢をとりがちですが、だったら趣味人で終わっていればいいんです。

芸術の力を生かしたいなら、金銭が要るという事実から、どうして目を逸らしてしまうのでしょう。

ぼくは、三十六歳になる頃までコンビニの裏から賞味期限の切れた弁当をもらってくるような、お金のない時期を経験しました。

酒屋やスーパーマーケットの裏から梱包《こんぽう》用の段ボールをもらわなければ、作品ができても梱包発送ができなかったのです。

お金のない時の動きというのはそういうものです。何をするにも異様に時間がかかる。そういう時間を縮めるために金銭の力が必要になるのです。

金銭があれば、制作する時間の短縮を買えます。

理想のシナリオを手元にひきよせられます。でもどうしても手に入らない時もある。その時は時間で稼ぐしかないのも事実です。

芸術には金銭と時間が必要という当たり前のことを貧乏の中で実感したからこそ、ぼくはお金にはこだわるようになりました。たまに「芸術家のクセにお金にうるさい」と批判されますがわからない奴にはわからないのだ！　と思ってきました。

現代社会の競争原理の中で生計を立てるなら、芸術の世界であれ戦略は欠かせません。

作品を作るための場所や資金の確保も必要です。

何があっても作品を作り続けたいなら、お金を儲《もう》けて生き残らなければならないのです。

芸術家も一般社会を知るべきです。

若いアーティスト志望者がまず認識するべきは、アーティストも一人の社会人であり、実社会でタフに生き抜くべきだということです。タフネスこそが芸術家の勝つ秘訣です。

社会の中で天才として生き続けるのは、ほとんど無理、不可能性が高いことです。

スポーツ選手が綿密な計画と鍛練を基礎におくように、芸術家は美術史の分析から精神力の訓練に至るまで独創的な作品のための研究修業を毎日続けるべきです。

突飛な発想を社会に着地させるバランスをあやまれば自分の身を吹き飛ばしかねません。率直な話、アーティストには充分な時間も金銭も用意されていません。

正当な時間や報酬を得て作品を作るには、周囲と自分の関係を醒めた目で把握してゆかねばならないのです。

芸術を生業《なりわい》にすると苦しく悔しい局面に立たされます。

私の美しいものを作りたいという願望にしても、様々な障害が立ちはだかって、十数年間もの間、実現しにくいものだったのです。

日本の美術大学は生計を立てる方法は教えてくれません。美術雑誌にも生き残る方法は掲載されていません。なぜか？

ここにも理由はちゃんとあるのです。

美術雑誌の最近数十年の最大のクライアントは美術大学受験予備校、そして美術系の学校です。

大学や専門学校や予備校という「学校」が、美術雑誌を支えているわけです。金銭を調達する作品を純粋に販売して生業とする芸術家は、ここでは尊敬されるはずがありません。これは日本の美術の主流の構造でもあるのです。

「勤め人の美術大学教授」が「生活の心配のない学生」にものを教え続ける構造からは、モラトリアム期間を過ごし続けるタイプの自由しか生まれてこないのも当然でしょう。

エセ左翼的で現実離れしたファンタジックな芸術論を語りあうだけで死んでいける腐った楽園が、そこにはあります。

世界の評価を受けなくても全員がだらだらと生きのびてゆけるニセモノの理想空間では、実力がなくても死ぬまで安全に「自称芸術家」でいられるのです。

生徒が教師になり続ける閉じた循環を奨励する雑誌の中で、「芸術家の目的は作品の換金だ」と主張できるはずがありません。その現場に教師たちが直面していないからです。つまり日本の美術雑誌とは、美術学校での活動をくりかえすための燃料に過ぎなかったのです。

芸術家も作家も評論家も、どんどん、学校教師になっていきますよね。日本で芸術や知識をつかさどる人間が社会の歯車の機能を果たせる舞台は、皮肉にも「学校」しかないのです。

文化人の最終地点が大学教授でしかないなら、若者に夢を語ってもしかたがありません。

「今の若い連中のやってることは、だめだよなぁ。俺たちの夢は、こうだったんだぞ！」

大学機構に守られている表現者が夢を語っても、それは本当に夢でしかありえませんから。

今、起業家たちがもてはやされつつも嫌われているのは、夢を実現させているからだとぼくは思うんです。夢があるならこんなふうに現実にすればいいというマネジメントが立証されてしまったら、先生と生徒たちが何十年も飲み屋で酌みかわしてきた夢のような話が一瞬にして無になりますからね。

戦後何十年かの日本の芸術の世界の限界は、「大学教授の話は日本の中で閉じている酒場の芸術談義に過ぎなかった」と認められないところなのです。

ただ、芸術家が飼い慣らされた家畜のように生存できる日本美術の構造は、最高にすえたニオイのする「幸せ」を具現化した世界かもしれません。

差別化をしたら、勝者と敗者が生まれます。

競争社会にいれば、結果が出て、勝っても負けても終わりがくるわけです。

終わりのない家畜の世界がいいものなのか、終わりがあるけど力を試せる世界がいいものなのか、これはほとんどジョージ・オーウェルの『動物農場』みたいな幸福の選択で、どちらを求めるのかは各人の目的設定にもよるのでしょうけど。

美術を愛した多くの学生が美大入学時にはいたはずですが、美術の先端で勝負したいのに、芸術の核心に辿《たど》りつけないまま社会に解き放たれているのです（まぁ当の学生にも自覚はないでしょうが……）。というか、増え続ける美術系学校の先生の職が待ち受けています。

ぼくは美術大学を反面教師にすることで生きのびて、芸術の核心は自分で見つけましたが、発見したのは「芸術をやる目的」でした。

これがなければどんな技術も役立ちません。目的がわかりさえすれば、あとは文化人や知識人がすぐに口に出す「そうは言ってもねぇ……」という言葉から離れて思いきりやってしまうことこそが、芸術の世界にも通じる勝利の法則だと思います。

なぜ私の作品は一億円で売れたか

芸術は社会と接触することで成立します。

芸術作品単体だけで自立はできません。観賞者がいなければ成立しないものです。もちろん作品販売もお客様あってのものです。

どんな分野でも当然の営業の鉄則が、芸術の世界でだけは「なし」で済むなんていう都合のいいことはありえません。

ぼくはいつも、身も蓋《ふた》もないプレゼンをしてきましたが、おそらく、身も蓋もないから社会と接触できたのです。つまり、「日本のアートは漫画オタクにある」とか「ファッションとアートのコラボ」とか。「アートは単純なルールで解釈可能だ」とか。

「それは、ないだろう！」

　そういうあからさまなことをやり、周囲から嫌われていくけど、嫌われる張本人にすれば

「身も蓋もないことをやったもの勝ち」だということは、もう、はっきりとわかってやっているのです。

　身も蓋もないものにはお客さんが乗れる雰囲気があるのです。

　熱量のある雰囲気がなければお客さんはつかないというのは、自明の理なのです。

「ムラカミくんさ、ヨロシクやってるみたいだけど、カネだけがアートじゃないんだぜ」

「おい、ムラカミ、抽象表現主義をパロディするんじゃねえ！

　ターナーの国のイギリスがそんなに薄いはずがないだろう？　もっと勉強してこいや」

　ターナーの国？　うちも北斎の国じゃん、とぼくなんかは思うんです。

　既にあるものをありがたがりすぎたり、品のいいものだけをやりすぎたりしていれば、ア

タマ一つ抜けだせないのは当然です。

　既存の流派を真似《まね》すればその中に埋没します。

　保守本流の西欧の絵画の宗派と相対した時、ぼくは新興宗教を作ったようなものです。叩《たた》

かれるのも目立つのも当たり前、です。

「ムラカミ、ちょっとイイ？　あのさ、俺、おまえと絶交さしてもらうわ。

絵画をバカにすんのもいいかげんにしろよ。
キャラを大きく描いて、ペインティングでございなんて。
安易すぎるというか、アートをバカにしてるっていうか。
おまえには、何を言ってもわかんねぇんだろうな……という意味で絶交」

まぁ、身も蓋もないことをしていますから、展覧会場で絶交されたりするのですけど。

二〇〇六年五月、ぼくの作品にオークションで一億円の値段がつきました。二〇〇三年に他の作品が六八〇〇万円で売買されて以来、ぼくの作品は「日本人の一つの芸術作品としては史上最高額の価格がついている」と語られていますが、こうした値段には理由も背景もありますし、ぼくには「すごく高額だ」とは思えません。

美術作品制作のコストは高くつくからです。

新しいものや新しい概念を作りだすには、お金と時間の元手がものすごくかかります。

お金や時間を手に入れなければ「他にないものをひきよせるために毎日研究をすること」は続けられません。

つまり、ビジネスセンス、マネジメントセンスがなければ芸術制作を続けることはできないのです。

ぼくの作品はまさにその傾向の一つだと思うのですが、なぜそういうことが起きるのか、というと「作品の価値は、もの自体だけでは決まらない」からでしょう。

価値や評価は、作品を作る人と見る人との「心の振幅」の取引が成立すればちゃんと上向いてゆくのです。

一作品一億円の価格を理解するには、欧米と日本の芸術の差を知っておく必要があります。

欧米では芸術にいわゆる日本的な、曖昧《あいまい》な「色がきれい……」的な感動は求められていません。

知的な「しかけ」や「ゲーム」を楽しむというのが、芸術に対する基本的な姿勢なのです。

欧米で芸術作品を制作する上での不文律は、「作品を通して世界芸術史での文脈を作ること」です。ぼくの作品に高値がつけられたのは、ぼくがこれまで作りあげた美術史における文脈が、アメリカ・ヨーロッパで浸透してきた証《あかし》なのです。

マルセル・デュシャンが便器にサインをすると、どうして作品になったのでしょうか。

既製の便器の形は変わらないのに生まれた価値は何なのでしょうか。

それが、「観念」や「概念」なのです。

これこそ価値の源泉でありブランドの本質であり、芸術作品の評価の理由にもなることなのです。

くりかえしますが、認められたのは、観念や概念の部分なのです。

西洋の芸術の世界で真の価値として評価されるものは「素材のよさ」でも「多大な努力」でもありません。

日本では好き嫌いで芸術作品を見る人が大半ですが、これは危険な態度です。主観だけで判断するなら、目の前にある作品の真価は無に等しくなってしまいます。

主観だけでは、わかりやすいもののみを評価することになってしまいます。それは時代の気分やうわさ等、不確定なものによって揺れ動く状態での判断になるからです。

客観で歴史を作ってゆく欧米の文脈からはかけ離れてゆきます。欧米の美術の歴史や文脈を知らないのは、スポーツのルールを知らずにその競技を見て「つまらない」とのたまうことと同じなんです。

「アートを知っている俺は、知的だろう?」

「何十万ドルでこの作品を買った俺って、おもしろいヤツだろう?」

西洋の美術の世界で芸術は、こうした社交界特有の自慢や競争の雰囲気と切り離せないものです。そういう背景を勉強しなければ、日本人に芸術作品の真価は見えてこないのだと思います。ええ、くだらない金持ちのザレ事ですよ。でもそれを鼻で笑いたければ、世界の評価基準に対して一切口出しをしないでほしいわけです。

例えば、ぼくの作品に六八〇〇万円の値段をつけてくれたのは八十歳近いアメリカの老夫婦で、既に会社を売って隠居されている方でした。

同じ作品の前の所有者は若いＩＴ企業社長で「あなたの作品を売ったので若い芸術家の作品を百人ぶん買える」とよろこんでいました。

アメリカの富裕層には評価の高い芸術を買うことで「成功したね」と社会に尊敬される土壌があります。そういう人たちが、商売相手なのです。

富裕層が芸術作品を買うことを奨励する制度も法律もあります。

アメリカではビジネスに成功した人たちは社会に貢献してゆく義務感を持っています。そうした成功者が社会貢献事業を行う選択肢の一つには美術館支援も含まれています。芸術作品を購入して美術館に寄付するというわけです。

ただし趣味の悪いものを美術館に押しつけることを避けるために、美術館の学芸員はコレクターの作品購入に前もって助言したりしています。

コレクターはいいものを購入して自分自身をアピールできる上に「寄付した作品の金額が税金控除の対象になっている」というところが重要なのです。

これは日本とはまるで違います。

日本では固定資産として税金徴収の対象になる（だから芸術はひそかに所有される）ものが、アメリカでは税金控除の対象になるわけで、作品売買がさかんになるのも当たり前です。

「この作品は価値がある」と値踏みするコンサルタントも存在しています。富裕層は価値のある安全牌《パイ》の作品を買うのですが、同時にコンサルタントは売買の現場で「作品の物語」を作りこんでいます。

コレクターとは基本的には悩むものほど欲しがるものです。

コレクターは売買に賭《か》けるので、金銭を賭けるに足る「商品の物語」を必要としています。

オークションハウスは、購入希望者たちと丁寧なランチミーティングを重ねてゆきます。

「あの美しい日本人の女の子のフィギュアのハートを射とめるのはいったい誰かしら？」

購買欲、征服欲、勝利欲など欲望を刺激する言葉で盛りあげるのもオークショナーたちの仕事です。

芸術作品の価値は、発言で高めるべき

金銭を賭けるに足る物語がなければ芸術作品は売れません。

売れないなら西洋の美術の世界では評価されません。この部分を日本の芸術ファンは理解できない、理解したくないんです。

西洋の芸術の世界の言葉で作品を伝えきれているのかどうかは、世界に挑戦するなら常に

意識すべきです。

ぼくは自分の原稿の翻訳をしてもらう人の選択をとてもセンシティブに行っています。そうすることで主張を海外にちゃんと伝えているのです。

日本人の発言でも村上春樹さんやよしもとばななさん級のメジャーな作家なら、相応の翻訳者がつくでしょうが、芸術の翻訳の現状はひどいものです。自称「英語のできる日本人」の英語力レベルでブイブイ言わせているのですから。実際は、「日本美術、歴史アルヨ」「ワタシ思ウンコトヨロシク」みたいなレベルが大手を振ってまかり通っているのです。

英語に自信のある日本人学者のアメリカでの講演会。誰も彼の英語を理解できないが、学者本人は大盛況と誤解する。日本人の外国語での伝達能力の実態はそういうものです。しかし現代美術の評価の基準は「概念の創造」ですから、言葉を重視しなければなりません。

二〇〇五年、マンハッタンの国連本部の至近距離に位置するジャパン・ソサエティで開催された『リトルボーイ』展は、NYで大きな反響を巻き起こしただけでなく、翌二〇〇六年にはアメリカと日本で大きな賞をいただくことができました。

一つはNYのAICA（ニューヨーク美術館開催）の最優秀テーマ展覧会賞。キュレーターに対して賞を与えるのは、世界でもこの団体のみです。

もう一つは日本の芸術選奨文部科学大臣新人賞（芸術振興部門）。その受賞理由は以下のように紹介されました。

「彼の表現のルーツであるアニメーションなどの日本のポップカルチャーやサブカルチャーを、海外の解釈によりそうのではなく、日本人自身の視点を意識的に明示しながら体系的に紹介した意欲的な試みであった」(「第56回芸術選奨一覧」より)

会期中の三万人の入場者数はジャパン・ソサエティの展覧会入場者数の新記録を作りました。

ニューヨーク・タイムズにおける、

「原爆や敗戦で揺さぶられた日本の歴史や文化を理解するすばらしい機会」

という評価は、五〜六人の翻訳者で、五〜十回の推敲を重ねて作りあげた展覧会の英語のカタログがあってこそのものだろうと思います。ちゃんと伝えたいことがあるのならば、そのぐらいの時間や手間をかけなければなりません。

ピーター・ドラッカーの経営論に唸《うな》る。

ハリー・ポッターの物語に、夢中になる。

どちらも変な日本語の文なら感動も薄れます。

文章に気を配るのは最低限のマナーなのですが、アートの現場はそれ以前のレベルだったのです。

海外に挑戦する日本人アーティストが今までうまくいっていない原因の一つはそういうちょっと気をつかえばわかるところにあるんです。

外見以上の理解を求めるなら、芸術も娯楽も翻訳に投資するべきなのは明らかです。漫画やアニメというような文化も、作品の背景を丁寧に翻訳しなければ、理解が外見以上には進まないでしょう。

ぼくは、自分の作品が理解される窓口を増やすために、自分や作品を見られる頻度を増やすことを心がけています。

媒体に出る。

人にさらす機会を増やす。

大勢の人から査定してもらう。

ヒットというのは、コミュニケーションの最大化に成功した結果です。

ルイ・ヴィトンとコラボレーションをした時、ぼくは「販売数が勝負」と考えていたので、はじめてのコラボの大ヒットと第二弾（二〇〇五年春夏）の「モノグラム・チェリー」がよく売れたことは、本当にうれしかったのです。

一流の作品とは、理解される窓口の多いものだから。

作品の価値は時代の気分に左右されます。

新聞社やテレビ局の担当者の気まぐれで企画された展覧会さえ大ブレイクの要因になり、富裕者の愛人が「いい」と言った絵画作品が急に価値をあげることもあるわけですから。価値は「偶然」から生まれるとも言えるのです。

おそらく世のあらゆる目利きが必要とされる世界で「運」に翻弄《ほんろう》されることもあるにはあるのです。

それでも、時代の気分を誘発する機会をなるべくたくさん刺激する技術は、存在しています。

アンディ・ウォーホールを真似する人は大勢いましたが、芸術制作の技術の格差は歴然としていました。

「西洋美術史での文脈を作成する技術」が圧倒的に違うのです。

『インタビュー』という雑誌を創刊してセレブな友人を増やす。

共産国の象徴の毛沢東の肖像画を描いてスキャンダルを誘う。

絵画作品の表面も、わざといいかげんなテイストにしておく。

「操作できる範囲の外」さえも、まるで作品が演出しているかのようにしむけているのがウォーホールの技術なのです。

世界に芸術をプレゼンテーションするなら作品の制作にとどまるべきではありません。作品の周辺の細部にまで工夫をこらした、お客さんに楽しんでもらう環境が不可欠です。

日本では求道家的な芸術家像が信奉されがちで人間国宝とか文化勲章作家が根強く支持されもしますが、過去の日本美術史で否定されてきた人物こそが、一流の芸術家なのかもしれないのです。

『美味しんぼ』の海原雄山のモデルの北大路魯山人《ろさんじん》は胡散臭《うさんくさ》い陶芸家とされています。過去の名作の陶器を写す創作姿勢は「真似に過ぎない」という欠点だと思われていました。骨董の目利きで著名な白洲正子他からは「魂が入っていない作品」と酷評されています。魯山人の作品は存命当時贋物《にせもの》扱いされることが多かったのですが、作品の周辺の環境を作ることにかけて、彼は世界に通用する一流の日本人芸術家でした。和食の懐石料理という概念を生んだ彼のプロデュース能力は、工夫に満ちているのです。

世界美術史の中での自らの座標軸を指定せず行動するのが従来の日本人芸術家でした。だからこそ魯山人の過去をふまえた創作は贋物と批判されるのです。

確かに彼の陶器には下卑たところがありますがウォーホールと同様に「確信犯のバッドテイスト」なのですから、業界の常識を覆す能力を評価しない日本人の基準の方が、貧しかったのではないかと思います。

彼こそが、日本におけるアンディ・ウォーホールなのだと捉《とら》えると、非常にしっくりくるのです。

自慢の陶器に載せた料理で政財界の要人をもてなす会員制の美食クラブ「星岡茶寮《ほしがおかさりょう》」を開いた魯山人は、ドラッグを媒介にパーティーを開いたウォーホールのようなものです。

魯山人の客となったのはハイクラスな人たちばかりでした。

階級社会を軸とした金銭や権力の構造を摑《つか》んで「もてなし」に集中力を発揮したのです。

お客さんの求める伝統的な陶器を提供する彼はコミュニケーションに重点を置いた芸術空間を作りだしたと言えます。

階級社会を軸とする華やかな芸術は敗戦後の日本では下火になりますが、日本で贋物と揶《や》揄《ゆ》されやすい魯山人の方法こそが、むしろ過去から現在にかけての欧米の美術の世界では主流とされる方法なのです。

芸術は、想像力をふくらませる商売である

芸術家が作品を売って生計を立てる。これは通常のビジネスです。

ところが、芸術と金銭を関連づけると、悪者扱いされてしまいがちです。

「アイツは芸術を売りもの扱いにしている。すべてブランディングのエサにしているじゃな

いか」

どこが悪いのでしょう。

人間の欲求につながらなければ、絵なんて誰も楽しめません。

絵画は紙や布に絵の具を乗せた痕跡です。痕跡自体に価値なんてありません。

価値のないものに「人間の想像力をふくらませる」という価値が加えられているのです。

つまり、芸術とは、想像力をふくらますための起爆剤が、いくつもしかけられていなければならないのです。

ただし芸術家が一人で作るしかけには限界があります。

大勢の人間の知恵を集めた結晶体である必要があります。

画商やアドバイザーや、プレイヤーやオークションハウスや美術館の人に、作家、作品の成否を相談し、シナリオを作って作品の価値を高めてゆくのは当然の手順だと言えるのです。

芸術家や美術館の満足だけでなく、芸術作品に関わるすべての人の熱狂がなければ、世界における価値は定着してゆきません。

バブル経済の絶頂期、日本の美術館は世界でもトップレベルでお金を使っていましたが、買い集めた作品が将来にも価値がなければ意味がないのです。

価値があり続ける作品を見抜くためには、様々な知恵や助言を吸収すべきです。

美術の歴史や市場で価値を持てない作品には、個人の趣味以外の価値が見いだせませんから。

金額は、評価の軸として最もわかりやすいものですよね。

万人にわかる価値基準を嫌がる人は、

「誰にでもわかる数字で評価されると本当は価値がないことがバレてしまう」

と怖れているとも言えるでしょう。

作品の価格や価値を曖昧にしてきたからこそ、戦後の日本美術は悲惨な状況になったのです。

一作品が高額で取引されることを除けば、芸術の流通は音楽の流通とよく似ています。

注目される新人で商売をするプロデューサーが尽力するのは、口利き、資金提供、広告企画、商品販売……。

つまり、美術の世界も、わかりやすい商業行為なのです。

芸術作品を買うコレクターは、作品の価格の変動の推移を知りたがります。

美術館も価格や評価の変動を見た上で芸術家の展覧会を企画するのですから、何をすれば作品の価値を高めたり低めたりするのか、アーティストは研究しなければなりません。

ドラえもんの宣伝用風船をヒントに作った巨大バルーン作品は商業的に優れています。

折り畳める。

すぐ作品の効果を発揮する。

展覧会の主催者側の輸送費はこれでグンと安くなります。

「こういうのを作っておくと、海外に呼ばれる機会が増えるかも」と作ったらその通りでバルーンは人気を獲得しました。輸送の容易さが求められている業界内情を知った上での工夫が効いているのです。

芸術家とは、昔からパトロンなしでは生きられない弱い存在です。

冒険家と変わりません。

コロンブスは夢を語りましたが、命を賭けなければならない社会的弱者でもありました。

ただし、コロンブスの名が残ったように、芸術家の名が権威になることも起こりうるのですが、それはずっと先のことです。コロンブスがパトロンを見つけて航海に出かけたように、まずは弱者として生き抜かなければなりません。

どう生き残るか。弱者である芸術家は、そのことを抜け目なく考えないといけません。

今、芸術の本場は欧米にあります。

社会的弱者が現実をすぐ変えることはできませんから、まずは現在の本場の方針を知らなければなりません。

ぼくはアメリカにいた十二年前に、地下鉄の駅構内で鼠《ねずみ》をよく見かけました。

太った鼠が小さい鼠を蹴散らす。

食料を独占している。

ぼくの見た芸術の本場の実情もそうでした。

太った鼠だけしか生き抜けない冷たい社会がごろりと転がっている。

中国人も、韓国人も、なりふり構っていません。

生きのびることだけに、全力を傾けている。

まわりにいる日本人だけが、帰国を前提にしていて肚《はら》が据わっていないようにさえ見えたものでした。

ぼくはアメリカで太った鼠になるしかない、と思いました。

小さい鼠から餌を守る。

生きることに必死になる。

他所者《よそ》だから、所詮《しょせん》、猫が出れば、逃げるしかないのですが。

ぼくが芸術に命を賭けている気持ちは、今もその時と同じです。生き残りたいというだけなのです。

ぼくはアメリカでは成功をおさめましたが、日本では敗残者に近いものでした。

どちらかというと、もうそろそろ、アートをやめようかなぁと考えていました。ほとんど国外移民のような気持ちで渡米して、「やるしかない」と思っていたからこそ何とか勝てたような気がします。

「かっこいいところに行きたくて海外に進出した人」は、海外での生き残り戦略の必死さに追いつけなくて負けてしまいます。

日本でも自分のやりたいことはありましたが、現実的にまるで経済活動には結びつきませんでした。奨学金を受けて滞在したアメリカで「海外では受けそうだぞ」と試したものが当たったというのが現状です。アメリカで認められるまでの日本での敗北の記憶や「自分には何もないんだ……」という思いは、いまだにぼくの作品制作の大きな動機になっています。

追いつめられた人間は能力を駆使して自前の正義を作りあげるものですが、ぼくが欧米の人に伝えるために組みあげた理論もそんなようなものです。

芸術家も商売人です。

死ぬまで商行為をしなかった芸術家の作品さえ、死後に発見されて取引されたらその瞬間にビジネスがはじまります。

つまり芸術作品はコミュニケーションを成立させられるかどうかが勝負です。

お客さんのニーズに応えることも、作品は自分のためのものではないという観点も、ある意味ではまっとうに思えるところがあるのです。

「ニーズを優先させているといい作品なんてできない」と言われますが、本当でしょうか。ウォーホールは工房を構え、分業制をとり、多くのクライアントの要望に応えました。ぼくもそうです。

相談や調査を基に作品を進化させることは、創造性を妨げないのです。

「そんなことじゃ、中国の職人が本気を出したらすぐに追いこされるぞ！」

工房でぼくはいつもこう叱咤《しった》していますが、芸術作品制作は他の芸術家との競争です。本気で市場の要望に応えようとすれば、妥協ができないほど質を高めなければなりません。分業制をとることで、一人ではできないほどの精度でものを作れるようにもなりました。

ぼくは若いアーティストを育てていますが、ものすごくきつい特訓なのでおそらく不特定多数の人がやりたがるとは思えません。

選ばれた人しか生き残れない、信頼関係がなければとても成り立たないような方法でアーティストの魂に刺激を与えているのですが、そうでもしなければ、現在の成功者の生きる価値観に揺さぶりをかけられる作品は生みだせないのです。

ウォーホールは、クライアントがパトロンに値する重要なものだと理解していました。

現代のパトロンがクライアントだとすれば、クライアントの発言が芸術を左右するのも、至極もっともなことでしょう。

要望を理解した上で、それに応え、同時に確信犯的に聞き流す反逆的な作品も残すというような生き方を確保しなければ、現代の芸術家の活動は経済的に破綻《はたん》します。

芸術の顧客は、栄耀栄華を極めた大金持ち

世界的視野なんてどうでもいいという人もいるかもしれません。

もちろんそれでもいいのですが、表現で未来を照らしたければ、やはり夢や希望の方向は見えていた方がいいと思います。

自分自身の夢や希望を見ないまま闇雲に行動しているのが戦後の日本の文化的状況のように感じられますので。

芸術で未来を開拓したいのならば芸術の状況を客観的に見なければならないのですが、日本では客観的に作品を判断する「批評」が存在していません。

これは、大きな問題です。

欧米での芸術の仕事を通してぼくが実感しているのは「本当の批評は創造を促す」ということです。

芸術家の提出した謎に対して、美術批評家がある種の客観性を与える。

そのことにより、芸術家は、延々とくりかえし謎を提出できるのです。

客観性があるからこそ、作品を作り続けることができる。

社会における作品の位置も意義も、美術批評家の言説から明確に把握できます。

日本の美術界には、そういう社会との接点となるべき歯車がまるでありません。

そのため、展覧会を行うにしても、芸術家も美術館も学芸員も報道側も評論家もルーティンワークをこなすだけに終始しているように見えます。

しかしそれでは、芸術の世界の各自の行動が、何も連動しあわないままで終わってしまうのです。そんな意味のないことをしたくて芸術の世界に入ったのではないはずなのに、いつしか美術界のサラリーマンのようになってしまうのです。

「何の目的でやるのか」を客観的に把握していないままそれぞれの行動を続けていくのはおかしなことです。芸術に客観性は必要なのですが、それが、日本には、いちばん欠けているものなのではないでしょうか。

みんながひそかに「誰かがやらないかなぁ」と思っていることは既に正解が出ているのですからそこに進めばいいはずです。

営業しなければものは売れない。

待っているだけでは状況は変わらない。

つまり芸術作品は自己満足であってはならない。

価値観の違いを乗りこえてでも理解してもらうという客観性こそが大切なことなのです。

価値観の違う人にも話しかけなければ、未来は何も変わらない。

こういう世界共通の当然の話が、若いアーティストの頭から抜けている……。

自分の狭い世界だけでものを考えて作品を作るだけではいつか辻褄《つじつま》が合わなくなります。

西洋社会と日本社会では大金持ちの桁《けた》が違います。

価値観がまるで違う人こそが顧客という現実を、まずは受けいれなければなりません。

本来ならばわかりあえない人たちと、どう深く濃く交流していくかを考えねばならないのです。

価値観の違う人のことを考えれば、作品は確実に変わってゆきます。ぼくの作品はそうして世界と渡りあう中で進化を遂げたのですから。

芸術を買うのはお金持ちです。

ビル・ゲイツは、ダ・ヴィンチの作品を持っています。

栄耀《えいよう》栄華を極めた経営者には、ほとんどの問題はお金で解決できるものなのでしょう。人の感情もわかったような気になる……そんな時にこそ人間は芸術が気になるようです。なぜならば「人」こそ、そしてその「心」の内実こそ、蜃気楼《しんきろう》のように手に入れたと思った途端逃げてゆくものだ、ということを彼らは知っているからです。

人のできることを極めたお金持ちが「人を超えたい」と願うのは自然のなりゆきです。過去の超人を探索してゆく中で「天才の見た風景」を見たくなるのも、当然の欲求です。天才の痕跡を目前にすることで、現実の限界を突破するヒントも手に入れたいと願う気持ちには切実なものがあります。成功した人が芸術やスポーツに走るのは超人願望と関係しているのです。

マチスはおそらく天才にしか見えない何かを見たはずでしょうが、ぼく自身は天才の見た風景を表現することはできません。

ピカソやウォーホール程度の芸術家の見た風景ならわかる。時代の寵児《ちょうじ》になる程度の彼らのような芸術家たちは天才でも何でもなくて、ど根性物語をやり通しただけです。顔を売ることで未来へのチャンスを探し続けていくという路線なら、ぼくも彼らとほとんど同じですから、何を考えているかはわかります。

壊れた世界で命を燃やさなければいけないお金持ちの「物足りなさ」が芸術に向かいますから、金銭ですべて解決してきたはずの富裕者の見えない欲望を確認するかのように、精神異常者の作品や性的虐待《ぎゃくたい》を含む作品が求められる時もあります。

「欧米の富豪の元気がなくなった後は、闇金を抱えるロシアや中国のお金持ちが顧客になるのかなぁ」

そんな予想をするような、しがない商売ではありますが、それが世の潮流であるならば、そこに身をひたすしかないのです。

お金持ちはいいパーティーを開くことも仕事です。

いいパーティーを開けばビジネスが展開するから、「サムシング・ニュー」を作ることに命を賭けてパーティーを開いているのです。

「なんでこんなに凝りに凝っているの？」

日本人の想像の範囲を超えています。

過去にぼくのイギリスでの展覧会のパーティーに来た人はほとんどコンサルタントでした。ビジネスとビジネスをつなげるというのが彼らの仕事の根幹です。

コンサルタントたちはあぶく銭があるから絵を買い、それを機会に「芸術を買いたい人のためのコンサルティング」もはじめていて、それでまた儲かっているという環境があります。

いいパーティーには「自分の所有するアートピースを見せびらかす」という側面もあります。個人所有の美術館ほどの大きさの巨大倉庫の内部に、誰もが知っている有名な作品が、さりげなく展示されて並んでいて、その中で食事とお酒が出され、パーティーをしていたりするのです。

「これは、子供の誕生日プレゼントで買ったんだ」

お金持ちの規模が日本とはずいぶん違うのです。

欧州のあるコングロマリットの総帥は「時間も予算も大きさも制限はなしで、とにかくおもしろいものを作ってください」とぼくに依頼してくれました。

「まずは予算を」からはじまる日本の美術の注文にいつも憤りを感じているはずなのに、いざ「制限なし」と言われると、これがおかしなもので「普段の等身大のスケールのもの」しか提案できない自分を発見することになりました。スケールの違いは実体験しなければわからないものです。

業界を味方につけて重圧をかけるべき

ぼくは、日本人のスポーツ選手の海外への挑戦を見ているとイライラしてしまいます。

「遠慮しすぎ！」

目的があるなら、なぜ、チームメイトや業界を味方につけないのだろうと思うのです。

是が非でもやりたいことがあれば「是が非でもやらせる」という圧力も必要だと思う。

優れた選手ほど周囲に圧力をかけていくのではないでしょうか。

優れたレーサーなら、最高のクルマを作らせるために本気でチームメイトを追いこんでゆくはずです。

セナやシューマッハはプレッシャーをかけることも含めて自分の仕事だと捉えていたはずです。

時には人非人と言われてもしかたがないほどに周囲を追いこんでゆく。ビジネスの構造で仕事を組みあげて、

「報酬と対価に見合うように何が何でもやりとげろ！」

と、プレッシャーをかけてゆく。

重圧を作ることができる人とそうでない人では、行動の結果にかなり差がつくでしょう。

ぼくの会社に所属するアーティストは、まだ周囲にそこまで重圧を作れていないので、ぼくがかわりにプレッシャーをかけ、つまりそのことでのクリエイティヴ活動を促しています。

「なぜ君は、この作品を作らなければならないのか」

「なぜ君は、そこまで努力しなければならないのか」

「君は、本当にこのポジションに在るべき人なのか」

「君の作品の価格とコンセプトには整合性があるのか？」

プレッシャーをかける理由は単純です。

重圧をかけるというマネジメントをしなければ、いいものができあがらないからなのです。娯楽に麻痺《まひ》した現代人の感性を揺さぶる一発を打ちこむにはよほどの能力が要ります。

「この快感は、どこで仕入れているんだろ？　ここにしかないよ！」

そういう一撃を食らわせるのが芸術なのですが、これはなかなか難しいことです。大天才でもなければ、それは集団で作りあげるしかないんです。

芸術で身を立てることは難しいことです。

作品を作り続けることも難しいことです。

芸術の世界でいつも同じものを作っていたらおしまいです。

新しいものや正しいものを作るためには実験と失敗がつきまといます。

ぼくと同じ時期にデビューしたアーティストたちの言動からは、

「一時の作品や考えがよくても、アーティストは簡単にだめになってしまうんだな」

という現実をイヤというほど見せつけられてきました。

マネジメントが無軌道なら才能は簡単に枯れてゆくのです。

アーティストにとって作品同様に大切なのは独自のマネジメント哲学の構築なのです。

欧米でも日本でも現代美術の世界は順風満帆ではありません。いつも一般経済の荒波を直にかぶって右往左往しています。

だから、自分で自分を作りあげてゆかなければなりません。

もう一人の自分を客観的に作りあげてゆくことしか道はないのかもしれない、とも思います。

アンディ・ウォーホールがパブリックイメージのためにカツラをかぶっていたように。ウォーホールが自分のロボットを造ってしまったように。

客観的に自分を投影する「シャドウ」のようなものを早いうちに作ることは、ものを表現するのには重要なことかもしれませんね。

そのシャドウの実像は、死んだ後に「あ、本当はこの人には実体なんてなかったんだ」と理解されるような、寂しい種類のものかもしれない。でもその蜃気楼こそが次の作家のミステリーを生み、価値を築いていくのです。

業界の構造を知らなければ生き残れない

ぼくがアート業界で生き残れている理由は「業界の構造」にものすごく興味があるからです。客観的に業界を分析することに関しては、徹底しています。

お金のことは、アート業界ではことさら批判の対象になってしまうけれども、現状のお金の流れをまずは全面肯定して内部に入りこまなければ、美術のメインストリームで活躍する当事者にはなれません。

当事者になれなければ、美術業界の構造そのものの鎌首にナイフをつきつけることさえできません。

ぼくは、東京藝術大学で「日本ではじめての日本画の博士号」を取った時にも同じことを思いました。懐に入りこまなければ敵の弱点も探せないのだと。

今、日本のアートは世界からものすごく興味を持たれています。

日本人が苦手としてきた「世界とのコミュニケーション」の壁を突破するチャンスの間口がひろがっています。

今、日本人アーティストは試されているのです。

「ギャラリストになりたい」
「キュレーターになりたい」
「マネジメントをやりたい」

そういう人も、最近では増えてきています。

しかし、わがまま放題のお客さんの相手をしなければならない厳しい商売です。

気難しいアーティストをうまくコーチングした上で、なおかつそれを商品にすることは、もう、精神がすりきれんばかりの汚れ仕事です。

アートマネジメントの現状とは厳しいものです。

美術館もどんどん潰《つぶ》れていっています。

地味で長い訓練を要する仕事でもあります。

アーティストの才能を発見し、可能性が花開いた瞬間に「万歳！」と絶妙のタイミングでほめてやる。コレクターや資金提供者には、作品や作家のよしあしがよくわかるように、手取り足取りそのよさを説明してあげる……。

アートに関わる様々な人がサナギから羽化する瞬間を見守るような仕事というか、ほめるチャンスを息をひそめてうかがうような仕事です。

アートマネジメントに関わる人は、その人なりの勝ちパターンが見えてきた時に、はじめてアートに深くコミットできるのです。延々と続く地道な仕事を通していつのまにか歴史が変わる時が来るのかもしれません。それがアートマネジメントの醍醐味《だいごみ》なのです。

ぼくの想定している美術作品の制作方針は、おそらく料亭やレストランを作ろうとすることに近いのだと思います。

店の外観や内壁のデザイン。

作庭。

調度品選び。

従業員教育。

調理場の料理人やサービスの人間と店の方向性を話しあう。

仕入れ先には連絡をたやさない。

情報収集にいそしみ、常連さんにもはじめての人にも楽しんでいただけるように工夫する。

そして毎日休まず料理をお客さんに出し続ける……。

こういう姿勢はぼくが工房に求めることと基本的には変わりません。

村上隆という商品のマネジメントは複雑に多角化しました。

膨張し続けています。

とても一人では実現できないものを作り、さしせまった現実に対応したいと願い、会社運営をスタートさせたのでした。

工房システムそのものは、日本の絵画では歴史的に行われてきたものです。ですからぼくの仕事のしかたは、むしろ自然だと思っています。ぼくは幼少の頃から、アニメ制作や漫画制作における分業化になじんでいたので、分業によってもオリジナリティを打ちだせるということは体感してきたのでした。

アートというのは贅沢な娯楽です。

作品制作では厳しすぎるほどの眼を持つべきです。

すべての細部にこだわり、真に魂の入った作品にしあげてゆくべきですが、これはマネジメントにおいても同様です。

「その仕事で達成される質の高い作品への探求心が、あるかどうか」

「その仕事の生むコミュニケーションへの好奇心が、あるかどうか」

こういったことを、仕事をする際の軸や水準にすべきでしょう。

他ではなしとげられないレベルで他人と何かを共有できる可能性も、芸術の世界では追求していくべきなのです。

ぼくの工房ではぼくの作品制作と共に、若手のアーティストのマネジメント業務も行っています。絵を描いたり、ものを作ることでしか自分を開いていくことができない偏った人間たちが、やっとの思いで社会とつながってゆく過程を、手練手管を駆使して助けてゆくのです。

対人関係、性、容姿、学歴……。

様々なコンプレックスは一般的に見て軽度のものでも本人には人に言えない大きな悩みになっているわけです。

ふつうの人からすれば何でもない悩みをグズグズ携えて、それを言葉にできるわけでもなく、しかし何とか脱出したいという叫びが作品制作の動機になることがよくあります。

作品の矛先が決まってすばらしいものになることもあれば、揺れ動く心を制御できずにズルズル落ちこんでゆくこともあるのです。

心の状況を整備し、心の本音を探索し、心の扉を開け放つ……。

そういうリスクの高い行為をしているのが芸術家です。

そのアーティストたちと丁寧に長時間にわたって話しあったり、メールで連絡しあったりする中で、お客さんにプレゼンテーションしてゆくのがアートマネジメントの業務なのです。

経済的自立がないと、駒の一つになる

今の日本のギャラリーはなかなか制作費用を出してくれません。

セレクトショップのようなものです。

コストは出したくないし、作品の制作費はアーティストの自前で、売りあげの分け前は半々、しかも委託販売……これではアーティストのリスクが大きすぎるでしょう？

ギャラリストは、世界中を旅してセレブに会ったりパーティーで新しい情報を交換したり

するわけですが、

「一応、作品のことも伝えておいたよ」

なんて、そんなギャラリストの楽しいだけのライフスタイルを支えるための単なる一つの道具になるなんて悔しいじゃないですか。

アーティストとギャラリストはリスクも成功も共にするのが当たり前と思っていたけどそうでもないのがこの業界なんです。

だからアーティストの立場が低いというのもとてもよくわかります。

ギャラリストにとって、アーティストは駒の一つなんです。

失敗してもギャラリストは痛くないのですから。

ただし、この状況に甘んじていては長く制作をできないのではないかと思いました。

八〇年代にハリウッドの映画業界に弁護士が介入してから俳優のギャラがあがってきたように、ぼくは自分の立場を主張するエージェントが必要だと考えたのでした。若手アーティストをギャラリストの食いものにされたくありませんし。

ぼくのように資金をかけるアーティストだとリスクが大きいんです。

失敗が大きければ長く制作をできなくなる怖れがあるので、プレス対応も含めたマネジメントの技術を蓄積してきました。アーティストにお金を入れるための交渉力も身につけてきました。

時代が変わって美術の業界も大きくなってきたのですから、これからはもっと展覧会でみんなが幸せになるようなゴールを探さないとダメなんです。

芸術家には、ギャラリーとのトラブルがつきものです。

自分の目が肥えてくるにつれフィギュア作品制作技術への要求が増えて、想定する売り値を超えた費用がかかることになってしまい、出資者の海外のギャラリーと揉めたことがあります。

「おまえは最初、三〇〇万円で作れると言ったじゃないか。なぜ制作費が十倍の三〇〇〇万円になっているんだ？

売り値が一〇〇〇万円、制作費三〇〇〇万円、ムラカミ三〇〇〇万円、ギャラリー三〇〇〇万円。ちゃんと実現可能な構造を作ったのに、なんで三〇〇〇万円も……」

ギャラリーの言い分は通常のビジネスならばまったくその通りですが、時空を超えることが目的の芸術家業では、こんな破天荒なエピソードも出てきてしまいます。

「チャンスがある時に、作りたいものを自分の判断と責任で作れるようにしないとだめだ」

ということを痛感しました。つまり芸術の価値は、ビジネスストラクチュアのみでは測れないのです。

「制作費を出してあげるよ」

とギャラリーが言ってくれたからできた仕事も多いですが、そこに頼りすぎると、経済的なバックアップが止められたら作れなくなるわけで、そこは自分サイドに握っておかなければなりません。

ギャラリーを騙《だま》して倒産させながら生き残る芸術家もいますけど、そういうことは嫌だと思った時に、自分の工房を会社化することにしたのです。

三〇〇〇万円でできるはずが二億円かかった時にも、二億円支払えるようにできる構造を自分で作らないと、最終的には、お客さんがよろこぶ「世界でただ一つのもの」を作る過程が絶たれて、他と似たりよったりのものしか作れなくなるのですから。

ぼくはルイ・ヴィトンとコラボをしてブランドビジネスがどれだけ過酷なものかを知りました。

超一流の人たちが、欲望だらけの人間を一挙に束ねて商売をする中で、大勢を幸せにしているというすごさ。

ブランドビジネスでさえ効率のいいビジネスではないのですから、芸術はどれほど効率が悪い商売か……。

それを知っているなら、かなり知恵をしぼらないと継続的に楽しい空間は作れないのです。

「金さえあれば」が言いわけならダメだ

ムラカミ・モノグラムをはじめとするルイ・ヴィトンとのコラボレーションは、「ブランドと芸術の融合はいいことである」という扉を開けてしまったようです。

先日、大規模な予算をかけてリニューアルオープンしたパリのシャンゼリゼ通りのルイ・ヴィトンの本店に行くと、ジェームズ・タレルをはじめ尊敬する芸術家たちがルイ・ヴィトンと組んで店内内装を担当していたのです。

仮にルイ・ヴィトンを現代の王侯貴族と捉えてみます。

ビッグクライアントの下で作品を作ることは肯定しています。

「アーティストがファッションブランドと組む」

ということは、悪役としてわざと掟を破る行動のはずでした。

だからこそぼくは躊躇《ちゅうちょ》がなさすぎるぐらいに破廉恥に本格的にルイ・ヴィトンと組んで結果を出してきたのです。

ところがそれを欧米の本場の芸術家たちは「アートの文脈」として評価するのではなくて、

「ムラカミ、うまくやりやがって。うらやましいなぁ」

と捉えていたことがわかったのです。

「ブランドと組んでも、ムラカミは芸術家としてのプレステージが下がるどころかオークションで高値を更新している。

ルイ・ヴィトンと組むなら、芸術家としてのプレステージはあがっていくんだな。

俺もやろう！」

芸術家に、金銭の欠如を埋めるための詭弁《きべん》を作ってあげてしまっただけだったのです。うらやましがられたぐらいなのだから成功したとも言えるのですが、実際にあんなにみんながやりはじめると、

「うわぁ！　みんなは確信犯的なアートとしてではなくて、本当にお金が欲しくてやっているんだなぁ」

と引いてしまうところがありました。

パリのプチパレで行われたパーティーにも行きました。

ヴァネッサ・ビークロフトというアーティストは「生の裸の女性が五十人ぐらい並んでいるだけ」というような作品を発表する現代美術家ですが、彼女の「生の裸の女性の集合の作品」があるわけです。確かにパーティーにうってつけなのですが、女の子たちはみんな恥ずかしそうで……もうほとんど「漫画の中の貴族の世界」みたいなものが展開されていたので

す。

「芸術家の尻を嗅いでお金を払う」

というような風刺的な現代美術作品、ポール・マッカーシーの『ペインター』というビデオ作品があったりしますが、まさにそんな世界が実際に展開しているのです。

作品や漫画よりも現実は露骨でした。

美術の世界は、不思議なものです。

コレクターのためにやればやるほど儲けはなくなる時だってあります。

高い素材、高い職人に依頼しても、お金持ちは「世界に一つの、見たことのないもの」を求めるのだからなかなか満足はしてくれません。

その欲求に応え続けるといつのまにか材料費や制作費で破産してしまいかねないという……。

かつて『スター・ウォーズ』が流行した時、東映が『宇宙からのメッセージ』という映画を作りました。

日本のワイヤーワークによる特撮で、何億円もかけたらしいけど『スター・ウォーズ』に比べてぜんぜんおもしろくないんです。

「金さえあればできるんだ」

当時、東映の人はメディアに向かってそう発言し続けていました。

金さえあれば『スター・ウォーズ』も作れるんだ、と。

ぼくはそのセリフが気になっていて、本当にそうなのかどうか、しかし、答えは、半々だったと思います。

『アルマゲドン』や『宇宙戦争』なんて、内容はほとんどないし、つまらないのに「金」と「特撮」と「音」でぐるぐるまわして「おもしろいかのごとくに見せている映画」ですよね。

ジョージ・ルーカスも金を貯めこんでいたからこそ『スター・ウォーズ』をリメイクできるのです。しかし東映の『宇宙からのメッセージ』は、世界的にまったくヒットしませんでした。当時考えられる限りの予算立てで作ったであろう作品だったのに。

ただ、そういう金銭の運用も含めたカチンカチンの現実の勝負の世界にみんなが行きたいのかと言えば日本人はことさら、そうでもないだろうなぁと思います。

意外とそんなに勉強したくなくて、ゆるゆるアルバイトをしながら、たまに公募展に何か出して楽しくやっていたりするのが、日本の芸術志望者の実情でしょう。

「君のブースはどこ？　近いですね。会場で会いましょう」

「今日やっと会えたね。なかなか審査員が来なかったけど」

掲示板やブログを読めば読むほど自分の作品に言及していない。

おまえら、会えるとか会えないとか、審査員の文句だけかい！

まぁ、それで、充分に楽しんでいる人も、多いのでしょう……。

日本の企業や制作会社ではもの作りは社会主義のようになっていて、できあがるものの質の高さに比べてデザインフィーはものすごく安く抑えられています。

開発費がどれだけ高くつくかを知っているぼくからすれば、人件費を削減して成りたつ日本企業のもの作りの潜在能力を更に開花させるようなマネジメントを施せばいいのに、とも思うのです。

日本の美術教育はデッサンに異様に執着することもあって、現代の日本人は総じて絵がうまくなっています。

つまり、日本の頼るべき資産は技術で、欧米の頼るべき資産はアイデアなのです。

日本は技術があるので低価格でいいものができる基盤ができています。そこに目をつけるべきかなぁとは思います。

闇雲に「日本はすばらしい」と言うのは反対ですが、日本の特色を気にして、うまく運用するべきだ、とは思うのです。

第二章　芸術には開国が必要である

芸術家は、技術より発想に力を注ぐべき

なぜ、芸術作品には高い値段がつくのでしょうか。

なぜ、芸術家は尊敬されているのでしょうか。

理由は簡単です。

すばらしい芸術はジャンルを超えて思想にも革命を起こすからです。

革命とは、ただ無闇にいちばん最初に手をあげればいいものではありません。

根強い慣習や因習をふりきれる衝撃や発見や現実味がなくては革命になりません。

多くの人に受けいれられなければなしとげられない革命を促してゆくものこそが、真の芸術作品と呼べるのでしょう。

あきらめずに新しい信念を形にするのがアーティストなのです。

日本では、芸術家は、革命家とは思われていません。

絵が上手。一芸を持つ。自分勝手。

そういう芸術家像が日本の主流です。

ところが、芸術の本場では、芸術家の革命はものすごい効果を生みだしてゆくのです。

革命家と追従者の違いは明らかです。芸術の世界で追従は意味がありません。

十八歳ぐらいでそこそこ才能あるミュージシャンがいて、

「今、エイフェックス・ツインが新しいアルバムを作るとしたらこういうものを出すだろうなぁ」

という音楽を器用にしあげたとしてもそれが真似であったなら意味がないのです。

ぼくはエイフェックス・ツインが好きですから、一時的にはそうしたミュージシャンの音楽でも消費するし、「うまいよなぁ」と思って聞くけど（買うけど）、十年後には絶対に聞かないだろうなぁとは思います。

歴史に残るのは、革命を起こした作品だけです。

アレンジメントでは生き残ることができません。

もちろんアレンジの革命もありますし、映画界ではスピルバーグはアレンジの革命家だからこそ生き残れているのでしょうけど「考え方」や「ものを作る発想」を練りあげなければ最終的には生き残れないのですよね。

追従者は小銭を稼ぐことはできるでしょうが、小銭は小銭です。

小銭では自分自身も未来に生き残れないし、少数の人しかよろこべません。

そういう追従の作品を作ってきたのが戦後の日本の美術業界なのです。

漫画の世界はすごい速度で化学反応が起きました。

ふりかえると非常に独創的な作品が出てきています。そこから考えれば、

「いいものが出る」

「革命を起こせる」

というものは速度を伴っているのかもしれません。

黒澤明監督は、年を経るに従って表層的な芸術的手法に集中しはじめました。レンズがどうとか照明がどうとかいうところに集中力を見せはじめたし、黒澤監督本人としては「完璧」と言えたはずの『赤ひげ』などの作品は文化庁は推薦するだろうけれど、後の世界を変えるインパクトはない。

『七人の侍』や『椿三十郎』はある意味サムライ映画に革命を起こした。がゆえにいまだ語り継がれる名作となっているのではないでしょうか。

『赤ひげ』のカメラの移動がいくらすごくとも、そういうものは後世の技術で追いつけてしまえるものです。技術で追いつけないところに黒澤監督の個性や魅力があるのですから、芸術においても、技術ではなくて考え方に力を注ぐべきだと思います。

日本人の「芸術」の定義は曖昧なものでした。

日本人美術家は独自の見解にいつも自信がなく、作品の根拠も薄く、客観性に乏しく……

ジャポニズムも結果的には写楽や北斎をハイアートの文脈でカテゴライズしてくれたのはフランス人やイギリス人であり、日本人が写楽や北斎のステイタスを作ったわけではありません。

浮世絵に力があったというより欧米の作ってくれた文脈に踊らされたとも言えるのです。

美術の世界の価値は、「その作品から、歴史が展開するかどうか」で決まります。

ロバート・キャパが撮った『崩れ落ちる兵士』がやらせかどうかはともあれ、その一枚で歴史が変わったのだから、本物でも贋物でも作品そのものは重要なのです。

「ムラカミの理論なんて目茶苦茶だ！」

たまにそう言われることもあります。

そうではないと反論することもできますが、仮にぼくの理論が目茶苦茶だとしても、ぼくのしたことには意味があるのです。西洋美術のどまんなかで日本の美術を文脈の一つとしてゆく入口を作ったのですから。

西洋美術史の文脈に至るまでの入口をどう作るか。それが重要な問題なのです。

ウォーホールも、生前はボロクソに言われました。

ピカソもずいぶん批判を受けていたかもしれない。

だけど大事なのは入口を作ることであり、入口を作った人こそが美術の世界で讃《たた》えられるものなのです。

欧米の美術の世界にエントリーすることは、現在をアート的なもので自由気ままに楽しむこととはかけ離れています。欧米の美術の歴史に文脈を作るなら、徹底的な学習が必要なのです。

マルセル・デュシャンの作品がなぜ芸術と呼ばれうるのでしょう?

アメフトを観戦するのと同じで、ルールがわからなければ、おもしろくも何ともない作品、というか物でしかありません。

「欧米美術史のルールを壊し、なおかつ再構築するに足る追加ルールを構築できている」欧米美術史のルールを読み解くことに集中したデュシャンのすごさは、「芸術は美しいものである」とだけ考えている人にはわからないし、難しいものだったのです。

ウォーホールにしても、キャンベルの缶を描いただけでなぜ芸術作品になりえたのかは、ルールの理解と再解釈に長《た》けていたからなのです。

世界で評価されない作品は、意味がない

西洋で認められている日本人ですぐに思いつくのは、小澤征爾です。

彼こそ本物の巨人です。

巨人になりすぎると日本では空気みたいになっちゃって、ことさらマスコミで取りあげたりされなくなりますけど、小澤征爾は日本では評価のしようがないぐらいにすごすぎます。ボストン交響楽団を経て、今はウィーン・フィルハーモニーの本拠地のウィーン歌劇場の音楽監督。

欧州の文化の核心の頂点にいます。

更に任期を延ばしてほしいと頼まれて、日本人としての美学まで西洋人に理解されているわけですから、ヨーロッパをゴールとするなら完璧です。日本人が辿りつける究極の地にいる人だと言えるでしょう。

ただ、彼がこれまで見てきた世界の風景は、日本人には理解されないかもしれません。

戦前にパリで大成功した日本人画家の藤田嗣治《つぐはる》もそんな人物の一人でした。

才能が抑えきれずに噴出している絵を描いていた「当時の世界で最も有名な日本人画家」は、日本にだけは認められていなかったんです。

おそらく画壇の嫉妬《しっと》のパワーが今より大きかったのでしょう。発表の場所を与えられなかったと言います。

当時フランスにいることはドイツに占領されていることでもあるので、藤田嗣治はやむなく日本に帰りますが、日本でも戦争がはじまっていた……。

そこで藤田が千載一遇の好機と思ったのは、「戦争画の仕事を与えられたこと」でした。藤田は戦争画の完成度を飛躍的にあげて日本軍のニーズに応えることで、ようやく日本で認められます。

「藤田嗣治の絵を見て泣いたおばあさんがいる」

と報じられる。日本には捨てられたと思っていたから、

「自分の絵がようやく認められた」

と、藤田は幸せの絶頂だったはずです。

しかし敗戦後は日本美術界から戦犯画家の烙印《らくいん》を押され、日本を捨てフランスに帰化せざるをえませんでした。夫人が藤田の死後も長い間「日本人には理解してもらいたくない」と出版物の刊行などを許可しなかった気持ちは、これはもうとてもよくわかるのです。

芸術の表現の方法には日本社会に合うかどうかがありますが、藤田は明らかに合いませんでした。

そして、ぼくは藤田の生涯を知った時、

「あ、まるで自分のことのようだ！」

と思いました。

「どうしたらこうならないで済むんだろうか……」

とさえ考えました。

おそらく、一般的な日本人も、いくら世界に評価されても、藤田嗣治やぼくのようにはなりたくないのでしょう。

ぼくは、最初から、欧米の美術の世界のルールを考えていたわけではありません。

ですから、受けいれられるまでには長い時間と説明が必要でした。

いきあたりばったりで作っていた初期のぼくの作品には弱点があったのです。

海外のキュレーターが興味を持ってくれても海外の美術館には説明できない作品ばかり。部分的なきらめきがあっても欧米の美術史における文脈づけが弱ければ、外国に渡っていくパワーにおいてはぜんぜん不足しているのです。

日本で、戦争を主題にした現代美術作品展を二回発表した後、ぼくは思いました。

「このような作品を作り続けたところで誰がふりむいてくれるのだろう。日本国内だけならまだしも、現代美術の本場のアメリカでは、敗戦国の日本人によるわかりづらい言い分など、見向きもされないのではないか」

アメリカから遠く離れた国内だけで、

「こうしてあなたたちに、身も心も占領されました」

と叫んでいても無力であると悟り、むしろ芸術の本場のアメリカにおいて小声でもくりかえしメッセージをとどけなければならないのではないかと考えたのです。

アメリカでは驚きました。

自分が常に愚痴をこぼしていた「日本の美術の世界のこと」なんて、誰も知らないのです。

「世界の美術の本場のニューヨークにおいては何の意味もないもの」が、日本の戦後芸術でした。

当たり前なんだけど、「井の中の蛙《かわず》、大海を知らず」とはこのことで、青天の霹靂《へきれき》でした。

ニューヨークにおけるアートのルールを理解しないままでは、ぼくは、美術の本場の世界で生きていられないということが、身にしみてよくわかりました。

ぼくはずっと日本の美術の世界には腹を立ててばかりでした。

仮想敵だと想定して活動をしてきました。

しかし日本の美術界にこだわること自体の意味のなさに気づいて、何もかも新しくはじめることにしたのです。

ぼくは日本では成功しませんでした。

アメリカで受けいれられた後に、はじめて、日本での評価も伴ってゆきました。

アメリカでの成功の秘訣は明確です。

人のやらないことをやること。

野球もアメフトもバスケもそうですが、アメリカ人はルールを作って楽しむ遊びが大好きです。

アメリカに行ってすぐに見たテレビでは、バンジージャンプをする集まりにスポンサーがついてスポーツ番組として成立していました。

「あ痛たた！　挟んだ！　挟んだ！」

ヒモが挟まっただの何だので、集団バンジージャンプの世界一に挑戦するらしい集団が、飛ぶ前から騒いでいるんです……これでもスポーツなのかとは思いました。

番組は、その二十人ぐらいの集団が一斉にビヨーンとバンジージャンプして終わり。

観客は「ヒュー！」とよろこんでいました。

これがスポーツ専門チャンネルで作られて見られている番組なのか！

なんだこりゃとは思いましたが、

「アメリカ人は人のやらないことや開拓精神そのものに興奮するものなんだなぁ」

と理解したつもりになりました。

既にあるものには喝采は送られない。その文脈を借りて、後に「日本のオタク文化を紹介します」という展覧会を組織し、それはご当地では「新しいもの」であり、フロンティアだったため、喝采を送られたのです。

芸術の世界で欧米の権威や価値が絶対的に支配している事実は個人では動かせません。

そのため「日本固有の文化からにじみでた作品」を解説することに際して、ぼくは長く苦汁をなめてきました。

どうしたらいいのかを、考えに考えました。

そして、文化を相対化して見せたり芸術の背景の説明をしたり、欧米の美術史の中で意味づけをしたり、理解の構造を作って提示すれば、アメリカでも日本の芸術がわかってもらえるのではないか、という結論に至ります。

その答えが、二〇〇一年にぼくがアメリカ各地の美術館でキュレーションした展覧会、『スーパーフラット』展です。

「今のままではポップという概念を生みだしたイギリスとアメリカにやられっぱなしだ。これではいけない！　キャッチコピーがなければ、日本の芸術の特異性を世界にプレゼンテーションできない」

そうして作った「スーパーフラット」という言葉にこめた概念は、「不可解な日本の芸術の輸出の糸口を探すこと」でしたが「ポップにかわる新しい概念かもしれない」とアメリカの美術の世界では大ブレイクしました。

「日本は世界の未来かもしれない。社会も風俗も芸術も文化も、すべてが超二次元的」

ぼくの美術史の新解釈を、日本文化も日本人もそれほど知らなかったはずの美術評論家たちが「西洋化された日本人のオリジナルコンセプト」と知るや否や猛烈に学習し、そして、むしろ日本人評論家より遥《はる》かに鋭く分析的に批評をしてくれたのです。

西洋の評論の基盤の強さを感じました。評価づけをきちんとしてくれることもわかりました。また、現状では評価できないものこそ「革命的」と把握してくれるという熱い雰囲気も、大ブレイクしたことで感じることができたのでした。

個人の歴史の蓄積をブランド化する方法

何度も言いますが、誰が何と言っても、今の芸術の世界の中心地はアメリカです。

芸術で世界に挑戦するなら、アメリカで商売をするための基盤を考えなければなりません。日本人としてのこだわりやエゴを作動させすぎたあまりにうまく動けなくなってしまったらつまらないでしょう。

ぼくももちろん日本人としてのアイデンティティはありますが、外国の現場での渡世方法は「別物」と割りきってきました。

自分が本来白人からは忌避される黄色人種である現実を知るべきだし、欧米美術界の中ではサーカスのピエロのような存在、いや、サルまわしのサル的な位置づけである事実も把握しています。

例えば欧米の美術市場における芸術作品の制作の必然性には「自分自身のアイデンティティを発見して、制作の動機づけにする」ということがあります。

これは欧米の美術における決まりのようなものです。

「欧米美術史および自国の美術史の中でどのあたりの芸術が自分の作品と相対化させられるのかをプレゼンテーションすること」も重要とされています。

これをふまえなければ芸術作品として認められないならそうすべきなのです。

決まりをふまえた上で斬新なイメージを見せられたら、優良な現代芸術が誕生します。

決まりをふまえなければ、欧米ではルール外の「物体」となってしまうのです。

「欧米の美術の世界特有のルール」を導入して作品を発表すること。つまり自分自身のアイデンティティを調べなければいけません。

大衆芸術である浮世絵や漫画やアニメやゲームの日本美術史の中での関係を把握して、西洋的美術の移植に失敗した日本ならではの出来事にも言及していく。

その上で「日本独特の文化体系を欧米美術史の文脈に乗せる」という、西洋アート世界との決定的で新しい接触をすればよかったのです。

本阿弥光悦《ほんあみこうえつ》が作った造形工芸村「光悦村」の実証もしました。狩野派のような職業的絵描き集団の歴史もひもときました。

日本では芸術作品制作を集団で行う下地があることを明らかにし、現代のアニメ工房が歴史的必然性のあるものだとも指摘した上で、ぼくは、自分自身の工房での集団制作をも「美術の文脈に沿うもの」として打ちだしていったのです。

その文脈の上に作品は、売買の対象物である、という基本も据えました。

輝く作品なんてほとんどないのに投資の価値はある。

いい会社なんてほとんどないのに投資の価値はある。

すばらしい作品やすばらしい会社なんてそんなにはありません。投資家たちが血眼《ちまなこ》になってても優良会社はなかなか探しだせないように、すばらしい作品もまた目利きのふるいにかかる前にインサイドで取引されてしまったりするのです。マエストロなんてほんの数人です。

しかし商売をするなら、数人のことでは済まなくなるわけです。

株式投資も「日本の誇るすばらしい会社」でなくとも、今の時代のそこそこの会社の価値の増減を楽しむからこそ、投資家は投資する理由や価値を見いだすわけです。

芸術の世界の本当の天才は、マチスなどごくわずかしかいません。

でも、業界内で、いつまでもマチスマチスと言い続けるわけにはいかないんです。だから、世の中にあるものの中から、天才以外の才能にも目を向けていくしかないのですね。ピカソもゴッホもウォーホールもデュシャンも天才だとしても数えるほどしかいないんです。天才だけに注目していたら芸術の世界を構成できる人物が極端に減ってしまいます。会社の業績が悪かろうがよかろうが株価さえあがればいいという投資家の本音のように、作品の価値とは実体のない虚構から生まれるものなのです。

芸術作品を買う側は「俺が評価した」と思いたがるものです。

ぼくの作品を買った方々にも、

「ムラカミを世界の檜舞台《ひのきぶたい》に押しあげたのは俺だ」

というタニマチ的な気分があるとは思います。

だから芸術家は買う側の気持ちに応えなければなりません。

朝青龍のように勝ち続けるなり、事件や醜聞を起こすなり、興味深いニュースを提供し続けなければ価値はあがりません。

ブランドの促成栽培はある程度、アイドルレベルでは可能です。その一生版がアーティストというブランドです。

高級ブランドには百数十年の歴史があるけど、ぼくにも四十四年の歴史があるわけで、その蓄積をブランド化すればいいのです。

ぼくは四十四年の歴史に、最近三百年ほどの日本の美術の歴史の文脈を用意周到に関連づけてみました。

これは特別なことではありません。個人の持つブランドを商品にすることは、現実の世界では行われ続けています。

テレビの番組制作の能力が落ちたせいなのか、最近、人間の一生のドラマの激しさを借りた、個人史をブランド化して満足しているような番組ばかりが放送されている……といった具合に、人の人生とはつまりブランドの基本なのです。

欧米においては、自分の主義主張は基本的にはタフな交渉を通して伝えることになります。日本人はこの交渉が下手なように思うのですけど、現地で接しているとアメリカ人も中国人も人と人がコミュニケーションする時には軋轢《あつれき》があって当たり前だという理解があると感じました。

百の主張のうち、まぁ四十ぐらいが通ればいいかなという感じで言説を構築して伝える基礎があり、

「自分がトクしたいなら相手もトクするような提案をするべきだろう」

という交渉の前提もあるわけで、そういう取引の感覚が日本であまりないのは残念なこと

だと思うのです。

今の日本人は一九六〇年前後の日本人とは違い、夢を持ちにくい時代に生きています。日本はもう先に進めないかもしれない。

誰が何を発言しても変わらないのかもしれない。

そういう絶望の実感がしみついているのですが、しかし、方法次第では変わることができると思うのです。

日本の文化を恥じたりせず、世界中から認められうるものだと伝えてゆくことは、文化の変化の端緒になるのだと考えています。

日本美術にはデッサン力という武器があります。

技術は高いのです。

では、それでなぜ最終的に日本人の芸術家が世界に通用していなかったのかというと、文脈の設定に対する理解不足と、人間と人間の勝負の瞬間に弱かったということもあると思います。

芸術は人間と人間の戦いです。

欧米でやりとりしているとそのことを実感します。

世界水準の勝負の原点は、個人の欲望の大きさからはじまります。

ウォーホールには、ほとんどそうした欲望しかありませんでした。

ウォーホールの人間性をつきつめてゆく人々はよく「彼には常にはぐらかされるんだ」などと言うのですが、彼は本来わかりやすい人物です。

欲望のかたまりだけでできている。

難しいことなんて何も考えていないんです。

ハゲは恥ずかしいからカツラをかぶるとか、アートをやっていると尊敬されるとかいう下世話な欲望の集積が彼の芸術活動だったのです。

何かを敢えて隠していたわけではなくて、彼には欲望以外のものは何もなかったのです。

ぼくも、自分がそういう人間だからとてもよくわかります。ちなみに、ぼくの欲望ははっきりしています。それは「生きていることが実感できない」をなんとかしたい、なのです。

強い欲望に根ざした活動がなければ世界に通用する強い価値など生むことができないのです。

価値を生むのは、才能よりサブタイトル

芸術の世界の戦いは、短期決戦ではありません。

日本の漫画や音楽のように業界が堅固な世界では、作品が世に出たらすぐ評価を設定したがります。

芸術は娯楽ほどインフラが整備されていないからこそチャンスがあると思いましたし、今もそう思うんです。

芸術の世界では新人がデビューする確固たる構造もないかわりに、長丁場の戦いができる。日本のミュージシャンがアメリカでヒットしない理由は、ここにあるのではないかと思うんです。

たぶん、お金と時間の使い方が違うのでしょう。

成功までの期限が短すぎるのではないでしょうか。

何年もかけていく覚悟があるのなら、アメリカでも成功するという感触はあるのですが、アメリカで腰を据えて仕事をするよりも、日本の音楽業界の速度でやる方がラクで儲かるから、どうしても日本市場の中に戻ってしまうのでしょうね。

ただ、ぼく個人としては、日本のアート市場の商売は難しいです。

日本では時代のある瞬間にスパークする要素をバラまいていないと大勢には受けません。瞬発力のある人しか生き残れないような社会なので、ぼくは日本の表現の世界は苦手です。

鳩摩羅什《くまらじゅう》は仏典を中国向けに翻訳した人物ですが「極楽」「色即是空」「空即是色」などの単語は彼の名訳から生まれたのだそうです。二〇〇五年五月のＮＨＫ『新シルクロード』で見ました。

現在も中国や日本で使われる主要な仏教用語は、翻訳から生まれたものなんですよね。サンスクリット語の原典にはない「煩悩是道場（煩悩は人を成長させる道場のようなもの）」といった概念を、彼は翻訳の過程で書き加えたり……約三百巻の翻訳教典は、中国や日本の基本教典となったそうです。

翻訳だから、サンスクリット語のニュアンスとは少し違うかもしれない。しかし大半の中国人や日本人も仏典のハードコアな部分よりも聞いた瞬間にわかる言葉を求めていたのでしょう。

だから「極楽」「色即是空」「空即是色」と言われて何かわかって光が見えた人がいたのなら、もうそれでいいんじゃないですか。

そういう意味では、ぼくも日本の文化の翻訳の過程で、世界の人のリアリティを刺激できればいいと思うのです。伝わるということは大切ですし「その通り！」と共感が生まれることが大切なのです。

アイデアは出つくしたと言われる時代です。

しかし、既にあるものを組みあわせていけばまだ未来は作れるはずです。

独創性への幻想は終わっているのだとすれば、誰でも何でも新しいものを作るチャンスがあるはずです。

個人のブランドの促成栽培はできると気がつき、そしてそれを一生かけて継続してゆく実験をしてはどうでしょうか。

既に誰かが行った手法を知るということは大事です。

歴史を知るということには、宝が隠れているのですから。

かつて行われたことを現代に正しく合わせることでオリジナルが生まれることも知っておいた方がいいでしょう。言っていることに矛盾を感じるかもしれませんが、物事には常に表裏があるものです。矛盾もまた真理！

日本人はアートにスーパーオリジナルみたいなものを求めすぎてしまうから成功していないのではないかと思うんです。だけど本当は柳の下にドジョウは何匹も隠れているんです。もちろんオリジナルは大切なことですが、オリジナルでありさえすればそれでよくて、あとは何にも営業をしなくていいし説明なんてしなくていいというのは誤解ですよね。

考えてみてください。

ゴッホにしてもピカソにしてもデュシャンにしてもウォーホールにしても彼らを説明する

文脈であるサブタイトル（副題）の方が重要だと思いませんか。

ぼくは小さい頃からピカソはよくないと感じていました。

確かに才能はあるけど腕力でしあげているだけですから。

ゴッホのことも「正直こいつは本物なのか」と思いました。

「何の才能もないのに。やっぱり自分の耳を切り落としたのが評価に響いているんだろうな」

そう考えていたのです。

絵としての才能で言えばボナールの方がずっとすばらしいのに、なぜかゴッホが高い評価を受けている理由は、おそらく「端的に説明できる物語」があるからではないでしょうか。

「作品がよくなくてもそこにドラマが付加されれば、ゴッホのように生き残ることができる」というしかけが、現代美術における発明なのです（もちろん絵画的な力に根拠がなければ生き残らないのですから「ゴッホはダメ」と言っているわけではない。……と若年読者に注釈をしておきます）。

現代美術においては、ウィレム・デ・クーニングも、ウォーホールも、「天才」ってわけじゃないと思うのです。デュシャンの便器なんて物質的、作品のテイスト的には評価の下しようがないものです。

しかし彼らの作品には確かに価値が乗せられています。

お客さんが消費するには、幹だけでなく枝葉が必要なのです。

そういう意味では、今はテレビ番組に何でもかんでもテロップが入っていて、そのテロップこそが本題というか、サブタイトルこそが価値観の決定を促しているのではないでしょうか。

西洋の真似で終わってしまう人は、純粋すぎて芸術の中心部分しか見なかったからこそ成功していなかったのかもしれません。

見る人と、心が共振するところをノックして揺さぶるという意味では、サブタイトルを利用することも必要なのです。

見る側と作る側の両方を覚醒させるものが芸術なのですから。

現代の芸術作品制作は集団でやるべきだ

ジョージ・ルーカスは、未来につながる方法で、映画を作っています。

マネジメントをしっかりする。

手仕事は徹底した分業とする。

好き嫌いの判断だけを言えるような位置に自分をおいておく。これは直感を温存できるいい方法です。

この方法は見方によっては、

「手仕事だけをするアシスタントはルーカスの奴隷じゃん！」

と思えるかもしれませんが、手仕事に汲々《きゅうきゅう》としないからこそ、ルーカスは「かっこいい」「かっこわるい」と自由に純粋に好きなことだけを言えるのです。

これは現代における商品作りの可能性を高めるやり方の鉄則です。

ルーカスは特撮工房を作りました。

監督として好きに命令をするだけではないのです。

好きなことを言うための営業技術や資金収集のマネジメントの基盤を作りあげたのです。

「自分はこんな映画をこんな時間で作りたいと思います。

CGを開発しますからお金はこのぐらいかかります。

こういう人を雇います。

実験過程でこんな仕事をひきうけましょう」

ルーカスには、ウォーホールのような芸術家の要素がすべてあります。

俳優をダメにするとかいい映画が作れなくなったとか揶揄されますが、でもずっとハングリーだし、作品は一般的な評価軸から見ればおもしろくないように感じるけれどみんな見ている……不思議なバランスの商品としての作品を作っているのです。

「おもしろくないのにみんなが見る」というのは、これこそ、まさに、アートですよね。デュシャンの便器です。

お客さんとの共犯関係を作りあげることができているわけで、そこまでいけば、作品は、時代そのものになっていくのです。

ぼくの工房でもたくさんの人を雇っています。

住みこみの職人見習いみたいな感覚で接しているスタッフが多いので、コミュニケーションの可能性と限界というものをいつも考えています。

コミュニケーションの限界を感じることは毎日のようにあります。

怒ったところで何もはじまらないのもわかっているけど、感情さえも押し殺してしまったらうまくコミュニケーションできないとか……。

ぼくの工房に限らず集団作業のもの作りの現場スタッフは、常に破綻と統合のくりかえしを余儀なくされているはずです。

集団のもの作りにはピラミッド構造がどうしてもできてしまうのです。

ゴールを見つけて指示を出す側と、作業を積みあげてゆく側と……監督的な立場の人間は問題解決に集中すべきで、現場での技術の習得とは離れた立ち位置にいるのです。

閃《ひらめ》きの純度を高くキープする。自分でやるとなると自分でできるレベルまで閃きのレベルを落とさなければならなかったりしますから。発注したりアシスタントを養成したりしていると、自分ではできない閃きをあきらめなくてもよい。あきらめないで純度の高いものをひろえるチャンスを手に入れられるのです。

指示を出す側の大きな障壁は、コミュニケーション能力や金銭の心配がメインテーマになるというアンチ・クリエイティヴな現実が待ちうけています。

先日、ウォーホールのドキュメンタリー映像を見ていたのですが、ぼくが想像していた以上に彼は工房で何もしていませんでした。だからかなりの側近に取材をしていても彼の実像なんてわからないのです。

おそらくウォーホールは何もやりたくなかったんだろうし、判断さえもしたくなかったと思います。

映画『悪魔のはらわた』も、ぜんぶ雇われディレクターが方向づけた作品でした。そういう話を聞けば聞くほどやっぱりウォーホールはすごいなぁと思います。

ウォーホールがいなくても映画を撮れる人なら、ウォーホールの名前を冠にして動かなければならない理由はありませんよね。つまりしっかりとウォーホールブランドの作品を会社組織が作りあげた、まさに目指したいゴールです。

でも理由も根拠もわからないまま、雰囲気だけでウォーホールの下で働いちゃったというところに、ウォーホールのコミュニケーション能力のすごさを感じ、自分の現状を憂えたりするのです。

美術界の構造は、凡人のためにできている

世界に通用する方法について話していると、「マネジメントに集中していく人間が勝つ」と、意外と悲しい結論が出てきていますけど、もしかしたら未来はそういう努力型が勝利する世の中になっていくのかもしれません。

スポーツの世界でも天才選手はすぐに消えてしまうというか、マイク・タイソンのように最盛期は短くならざるをえないでしょうから。

天才はなかなかいません。

努力でそこそこいけます。

ただし何百年のスパンで見れば、歴史を革命的に開拓したのは、ほとんど「天才が偶然に

生みだしたもの」だったりするので、努力肌の人間には話がややこしくなるというか、絶望するしかないのですが。

歴史や民俗などを取りこんで欧米の美術史に組みこむ新しいシナリオを作りこむ。世界のそれなりに才能のある芸術家は、大抵そうしたシナリオで方向づけた順番を追って作品を作ります。それでも天才がなんとなく作ったものに勝てないのです。

しかし努力型の芸術家はそれなりには、生き残れると思います。

全員が天才の業界は息苦しいし。

スポーツも天才型と努力型の化学反応に感動のキモがあるわけだし、モーツァルトとサリエリの二人がいてはじめて『アマデウス』という映画がドラマチックになったのですから。

ぼくは天才型ではありませんが、たまに空白状態の中で偶然に作品ができる時もあります。「やめられないなぁ」と思うような快感が味わえるのですが、ここに問題もあるのです。

偶然にできた作品は認められないかもしれないのです。

自分では、少なくとも半分以上の作品はシナリオに沿ってややこしく作らないと評価を受けられないだろうということは自覚しています。

葛飾北斎はおそらく天才でした。

彼の作品は空白状態の偶然から生みだされたものでしょう。

ただ、彼は欧米の世界では高く評価されていますが、生前の日本では町絵師の域を脱していませんでした。

天才が空白状態の中で作るものは歴史をガラリと変える可能性もあるのですけれども、水準が高すぎたり時代の先に行きすぎたりしているために、リアルタイムでは正当な評価を受けられないかもしれないのです。

様々なしかけを組みこんで、現在の人や社会とコミュニケーションするべきか。

偶然に作っちゃったもので、未来の人や社会とコミュニケーションするべきか。

このあたりは考えるほど矛盾に満ちた世界が広がっているのです。

そもそも芸術表現の世界は矛盾で満ちています。

しかけのある作品でないとなかなか認められないという美術界の構造はおそらく天才でない大半の芸術家のために生まれたのだと思います。歴史や民俗を取りこんだ作品制作はあざといことでしょうが、凡人には必要な試行の過程なのです。

日本人の作るものが世界に受けいれられはじめる入口は、今はまだまちがいなく「エキゾチック」というところですから、そこからどこまで美術本体に入りこめるのかが勝負になると思います。

ジャック・マイヨールというフリーダイバーが「潜水が世界に認められるための評価基

準」を自分で作りあげた姿勢はすばらしいなと思うのです。

「血管に様々な液体を入れて潜り、肺に酸素がどう集まるかの実験」というような、潜水が一般に深く理解されるための指標を自分で作りあげたわけです。

こういう価値の伝達こそが、世界で評価されるには必要なのではないでしょうか。

日本人の間ではそういうことはやらない方が「イキ」とされているけど、価値のプレゼンテーションをやらなければ認められることはあり得ません。

世界基準の「文脈」を理解するべきである

ぼくは小さい頃から絵を描いてきました。というか、誰もが描きますけど。

大学では日本画を学び、ある時から、純粋芸術の世界に足を踏みいれました。

そこで判明したのは、純粋芸術の世界では、決まりのあるゲームが行われているということです。

茶道や華道で作法をわきまえない行為が否定されるように、西洋の美術の世界でルールをふまえない自由は求められていません。不文律をわきまえた独創性が求められていることは明らかです。

日本は十九世紀後半に開国をしました。

そのせいか、十九世紀当時の欧米の芸術をいまだに重視しているところがあります。

十九世紀の芸術の最先端は「自発性」で、この時期の芸術は、

「アーティストが、パトロンから決別してゆく」

というものでした。

十九世紀の芸術に流通した「自発性」は長い芸術の歴史の中ではむしろ例外的なルールなのですが、日本ではいまだにこれこそが芸術だと信じられています。

日本では「魂の叫び」みたいなグネグネした作品をただ一人で作ることこそが芸術と思いこまれているのですけど、ほとんどの時代の芸術はそうではないのです。

ぼくのように企業とコラボレーションをしていると破廉恥だと思われるのはおそらくそういう日本の芸術輸入の歴史からきていると思います。

欧米の美術の世界の決まりについて話していると「そもそもアメリカのルールなんて有効なのか」と思う人もいるはずです。

多民族国家であるがゆえに、アメリカの文化の表現というのは「誰にでもわかる説明」を前提に行われてきました。

この「誰にでもわかる説明」に限界がきていることは、アメリカの国際政治を見ていれば

誰もが感じることかもしれません。

もちろん文化も変化してゆきますし、欧米主導のルール設定が変質してゆくかもしれませんが、しかしそれでも現行の決まりを知ることには意味があるはずです。

ぼくはアメリカの現代美術の世界に自分の居場所を見つけました。

欧米のルールを学習してアメリカを中心に自分の考えを発表してきました。

アメリカ主導の芸術の世界に立つ活路を見いだすためにも、戦後日本でアメリカの影響を受けて育った自分のリアリティを探しだすためにも、欧米の美術の世界の決まりの分析と吸収は欠かせなかったのですね。

アメリカ主導の美術の世界に、「日本の文化との折衷案としての新しい文脈」を提示し続けるうちに、ぼくの中には、澱《おり》のように解決不能の事柄が数多くたまってくるようになりました。

「必死に学んだアメリカのルールといつかお別れをしなければならないのかもしれない」

そんなことを思わないではないんです。

もちろん、現状はズレはじめています。

しかし、「作品を通して世界美術史における文脈を作りあげること」は、今も世界における美術作品制作の基本であり続けています。

まだ欧米のルールは有効なのだから、世界で勝負をしたいと願う今の表現者は欧米のルールを学ばなければならない。

東洲斎写楽や葛飾北斎の作品を理解するためには一定の教養が必要になります。

なぜなら写楽も北斎も欧米の美術史の中で評価されたからです。

評価された角度も、「ハイアートの中のジャポニズムに位置づけられた」という限定条件の中にいるわけです。

ジャポニズムの文脈がわからなければ、西洋で理解されている根拠もわからないのです。

つまりそれでは作品を見る視点さえ見誤ることになります。

海外の美術の世界は「すごい」と思われるかどうかが勝負の焦点になっています。

お客さんが期待するポイントは、

「新しいゲームの提案があるか」

「欧米美術史の新解釈があるか」

「確信犯的ルール破りはあるか」

といずれも現行のルールに根ざしています。

だから「はずした！」と思われた芸術家は失墜してゆきます。

権威のある批評家その他から叩かれてズタズタにされます。

ゲームを作りあげるおもしろさも新しい挑戦を理解して讃える土壌もあるかわりに、理解されない時には弁解ができないのが、欧米の美術の世界で生きる醍醐味です。

日本における芸術はその真逆です。

日本での芸術は解釈できないものであり、つまり理解されないことは当然なので怖くはありませんが、かわりに大きな権威に理解されるよろこびもないのです。

欧米と日本の芸術の違いは「日本の現代美術の歴史のなさ」を反映しています。

第二次世界大戦で無条件降伏をした日本は、アメリカの支配の下に敗戦国がとらされる責任領域内で民主化されました。その民主化の過程で、日本には階級社会がなくなりました。

ここが欧米と日本の差を生んだポイントです。

日本の戦前の美術は言ってみれば、貴族の抱えたもので、それなら世界の美術にも通じていましたが、戦後民主主義の世界には「美術はすべての人の理解できるものであるべき」と認定されてしまいました。

しかし欧米の美術は平等に楽しめないものです。

美術はコストが異様にかかる遊びです。

欧米の美術は階級と共に形成され、そのことで美術界に資金が投入され活性化され生きのびてきたのです。

「平等に享受されるべき美術」には金銭面の活性化が起こりませんし、富裕層の集まる美術市場も日本ではできませんでした。

ファインアートとサブカルチャーの区別もないまま、すべての表現が娯楽という名のもとに、ごちゃまぜになりました。

日本は敗戦後に「欧米の美術を読み解くための文脈」を見失ったのです。

芸術の世界の基準は欧米にあります。

第二次世界大戦前と大戦後すぐはパリが、その後はニューヨークが、芸術の価値を生みだしてきました。

日本の美術関係者は欧米の流行の解釈に集中してきました。

公募展も現代芸術も、いつも、西洋のお手本には表層的に忠実でした。

欧米の芸術の世界の課題は、日本で行われている真似とは正反対の「独創性」でした。手本の模倣は芸術と認定されることはありません。

戦後の日本には信頼するに足るアートの市場も存在しませんでした。日本国内の美術の評価基準は常に西洋の流行の踏襲と言えるものでした。

価格設定にしても閉じた業界派閥内でのみ通用するものだったために、例えば百年という歳月には持ちこたえられない市場を作りあげてしまいました。

日本の美術作品は世界では認められにくいのですが、それなら、日本の「アート」ではない媒体の自己表現を敢えて取りあげて、西洋美術における「アート」の概念自体の革命を起こせばよいのではないか……。

だからぼくは、日本の芸術の能力を素直に発表する展覧会をキュレートしてきました。

欧米の壁を怖れず、芸術のワクを大きく考えて、物事の核心部分から変えてゆく。

日本のサブカル的な芸術の文脈をルール内で構築し直し、認めさせる。

これが欧米の美術の世界で生き残るためのぼくの戦略でした。

ぼくは日本のサブカルチャーをハイアートに組みこむことで、欧米の美術の世界における新しいゲームを提案してきましたが、

「ハイアートとロウアートの境界を理解した上で、ロウアートをハイアートでわざとあつかう楽しみ」を提示したからこそ新解釈として理解されるのです。

それがなければサブカルはサブカルのままで黙殺されてしまいますから。

芸術家は世界の本場で勝負をしなければ!

芸術において自前の権威や力のない日本では「外国で人気がある」という宣伝文句は、絶

大な信頼として機能。

ぼくは自分の道のりを三段階で捉えていました。

まずは芸術の本場の欧米で認められる。そのためには、本場のニーズに合わせて作品を変えることも厭《いと》わない。

次に欧米の権威を笠にきて日本人の好みに合わせた作品を逆輸入する。

そしてもう一度、芸術の本場に、自分の本来の持ち味を理解してもらえるように伝える。

『スーパーフラット』展でアメリカに認められ、日本で作品を展開し、『リトルボーイ』展で本来の自分の思うリアリティを表現する。

ぼくはその三段階をいったん実現し終わりました。

もし、歴史も市場も美術の文脈を理解する環境もない日本に留まっていたとすれば、理解されるまでにとんでもない時間がかかってしまったはずです。

ただ、アメリカに行く前のぼくは悩んでいました。

現代美術を否定しながらそこでしか表現できない。

経済的にも苦しんでいる。

芸術をやめるべきかも考えましたが、財団の奨学金に受かったのでアメリカに避難民のように出かけていきました。

一九九二年のことです。ぼくは三十歳でした。

アメリカでは、現代美術における日本とアメリカの差のあまりの大きさに、「本場についていくのは無理かもしれない」

と、不安になりました。日本の現代美術界では、ぼくは一応は「業界をよく知るエリート」でしたが、本場の美術の世界の路線はまるでわかりません。

だから少しずつ学びました。

アメリカの美術の市場では半年ごとに流行が入れかわるからついていかなきゃ、とか。

流行に同化したら作品は作れないけど、あくまで情報は必要である、とか。

ところが、アメリカに来たはいいけど、英語は話せないし、それまで作ってきた作品も日本の美術界へのあてこすりでしかなかったことに気づいてしまいました。

「自分には、そんなものしかないのか？」

自問自答しても、答えは見つかりません。

恵まれた環境、つまりアートの中心ＮＹにいながらメトロポリタン美術館にもＭｏＭＡにも行く気になれません。

本屋で日本のアニメ誌を見る。

日本の漫画を読んで、泣く。

部屋でアニメの模写をする。

最先端のアート情報あふれるスタジオで作品を制作するはずだったのに、ぼくは毎日ペンキでアトリエを白く塗る日々を過ごしてしまったのです。

日本では、日本のことを「悪い場所」と呼ぶことができました。

ところが、ニューヨークは、アーティストにとっては天国でなければならない場所です。そこで何もできないなら自分が悪いわけです。

せっぱつまっていました。

ぼくのリアルな芸術というのは、そういう窮地でたまさか見つけたものなのです。

アメリカの美術を勉強すると「ヨーロッパ美術史からの解放」や「アメリカの美術界の権威の作り方」に興味を抱きました。

アメリカ在住者の作品がコンセプチュアルな美意識を持つことにも納得がいきました。アメリカではコンセプチュアルアートがリアリティそのものです。ところが自分にはそのコンセプチュアルアートの現実味がありません。

ぼくの等身大の感情は、ニューヨークの町角で日本のアニメを見かけると「お！」と思うというものだということがはっきりしました。

差別されたオタク文化から距離を取っていたはずの自分は、絵が動いている姿を見たり考えたりすることが好きでしかたないのだとわかったのです。

また、現代美術の勉強をすればするほど、オタクの差別された社会的状況や情報のドグマぶりこそが、自分のリアルな表現にはなくてはならないように思えたのです。

オタクから日本人が本質的に抱えこむ何かを示すことができるのではないか、と。

自分のバックグラウンドはここなんだ……もう正直にいってみるか！

そんなふうに改めてやりはじめたんです。

日本の本道では、世界の評価はもらえない

宗教もない日本の中の、娯楽の強大な力だけを必要とする東京という都市には、もしかしたら世界の未来が見えているのかもしれない。

欧米の美術の世界という恐竜の内部から枠組みを食い破るように表現をするなら「日本の文化」で勝負するしかない。

そんなふうに考えるようになりました。

こういう戦略を思いついた日本人はぼくだけではないと思いますが、ほとんどみんなが実行段階で失敗しました。

だから緊張感はありましたが、前代未聞の挑戦こそが芸術家の世界に身を投じたもののいちばんの望みのはずですから、自分の行動は誇りに思います。

「こんな方法で表現していたら日本人としての自分は置きざりにされるんじゃないだろうか」

迷いも悩みもイヤなこともたくさんありました。

日本文化を抱えて欧米に進出した日本人の大半がひきあげてゆく理由も、とてもよくわかりました。

本場のアートシーンでスポットライトを浴びるようになった今も、違和感はあるのです。

「本来の意味の芸術は、ルールの中におさまるはずがないのではないか」

「芸術は、一般社会にビジネスとして着地なんてしないものではないか」

幼少の頃からの直感が頭をもたげるのですが、理解不能の突飛な芸術ならば西洋に受けいれられないことは事実として横たわっている。

「欧米の美術史の文脈に絡めた洗練された商品」としての芸術こそが欧米では尊重されているのですから。

西洋の美術の世界で最初に認められた日本人美術家は葛飾北斎です。

北斎は町絵師で生前の社会的な地位は低く、当時の日本の主流には背を向けていた人物です。宮廷画の「本画」に対抗して自ら「漫画」と呼んだ本道から外れた作家……それが日本の芸術の代表者なのです。

しかも北斎は西洋で認められているとは言え「欧米の美術の歴史を補完する素材としてのジャポニズム」の中にいる周辺人物に過ぎない。

日本の異端は欧米の評価を受ける。

日本の本道は欧米の評価を受けない。

現代に通じるこの流れを日本人は意識すべきです。

本場のアートの反対側に位置している作品群の中に「アウトサイダー・アート」と呼ばれるものがあります。

ジャン・デュビュッフェというフランスの画家が、「正規の美術教育を受けていない人が、自分にだけ重要な動機から制作する芸術」と定義したこの種の芸術には幻聴者や幻視者の発表する作品も含まれていますが、こちらの破壊的な世界の芸術の方が、日本人にはよほど理解しやすいものだと思います。

正当な歴史に裏づけられていないものこそ日本人の心情に近いと知れば、何が自分の優位性なのかもわかるのではないでしょうか。

欧米の美術の世界のメインストリームの方が、日本人には不自然に見えるものなのですから。

欧米の美術の本道にいるかのように見えるピカソが、今後も本道に居続けられるかどうかは見物です。

「キュビズム」

「パリの芸術家のサロン」

「アフリカ民俗工芸」

当時の欧米の美術の流行においてのみ通用したのが彼の芸術なのかもしれない……日本人ならばそんなふうに冷静に捉え直すことができるのです。

日本人には、欧米の美術はリアルではありません。異邦人であるがゆえに、芸術の未来の境界の設定ができるかもしれないのです。

欧米の美術の業界は堅牢です。

美術史の文脈を作るための役割分担ができている強靭《きょうじん》な業界になっているのですが、ぼくは、他所者だからこそ「日本の文化の美術史における文脈」を作りあげねばならず、理論の構築能力を鍛えることができました。

ここでも、他所者の不便さが優位性を生みだしました。

「しかけ」や「ゲーム」を楽しむことこそ、欧米の世界でのアートに対する基本的な姿勢です。

現代美術家のダミアン・ハーストは、煙草を吸った後の吸い殻と灰皿を「作品」と言いきりました。

「言ったもの勝ち」の美術の世界で、彼の発言は受けてしまったのです。

コレクターや美術館は後生大事にその吸い殻を保存する。

ハーストは今度は部屋いっぱいの灰皿に山盛りの吸い殻を作る。

欧米人は現代美術でそういうパズル性を楽しむのです。

「お、なかなか賢いやつだなぁ」

「こいつは、まだ隙《すき》だらけだぞ」

「こんなルールを提案したのか」

欧米での美術作品への反応はこういうものです。

小さな詰め将棋を見せるような作品から「これはすごい」と思わせられるかどうかで芸術家は戦います。

「謎解きゲーム」を解く自由を与えるものこそが芸術なのだから、局地戦を挑むせこい作品も多いんですけどね。

第三章　芸術の価値を生みだす訓練

六八〇〇万円の源は「門前払い」だった

芸術の価値を生みだすには、どうしたらいいのでしょうか。

この章では、まず具体的に、二〇〇三年に六八〇〇万円の値段がついて話題になったフィギュア『Ｍｉｓｓ ｋｏ２』が評価を得るまでの過程から説明してゆくことにします。

二十八歳ぐらいの頃に、

「村上さん、オタクの本を作ったらおもしろいんじゃないの」

と誘われて晴海のコミケに取材に行ってみたら、本にするよりも、オタクを作品で批評する等身大のフィギュアを作りたくなってしまいました。これが、フィギュア・プロジェクトのはじまりです。

「等身大」というのはそれまでにはなかったものでしたし、それをやることでオタクの批評になりうると思いましたので。

トークショーに参加していた時に会った「オタキング」の岡田斗司夫《としお》さんに相談をしてみると「そのネタは海洋堂に持っていかなきゃダメだ」ということで、海洋堂の宮脇修一専務（当時）のところに連れて行ってもらいました。

ところが、海洋堂の専務に、のちの『Ｈｉｒｏｐｏｎ』の原型になる図を見せたところ……「あ、一笑にふされるって、まさしくこういうことなんだな」というような雰囲気になりました。

「じゃあ、ムラカミさん、あんたをテストしたい。うち（海洋堂）の棚においてあるフィギュアの中で、どれがいいかを指でさしなさい」

「これと、これです」

「ブッブ――！　ムラカミさん、ほんとに、それがいいと思うの？

……岡田先生、コイツは、ダメですよ。

まったくわかっていない。

あんたが指でさしたのは、ただ複雑なヤツだけやんけ」

確かに、そうでした。

ぼくは、フィギュアの歴史も文脈も、その時点では理解していませんでした。

その時も、素人目で見てハデなものを選んだだけなのです。

「しかも、聞くところによると、あんた、ボークス（フィギュア制作会社）の取材にも行っているらしいですな。うちに来ないでまずボークスに行くこと自体が超ド素人ですな。まちがっとる！」

一月の五日とか、まだ新年のおだやかな時期でしたが、もう、さんざんに言われたことをおぼえています。

「岡田先生が連れてくるから会ってやったけど、ふつうだったら、あんたはうちの敷居をまたがせてやらないような人間なんだから」

「でも、どうしても等身大フィギュアを作りたいんです」

「……まぁ、どうしてもやりたいんなら、大阪のうちの本社まで、来るんだな」

海洋堂さんは、大事な仕事の時には、絶対に大阪詣《もう》でをさせるんです。

ぼくも、意地になって、大阪に行きました。

「お、ほんとに来たな。じゃ、うちのボーメと話してください」

ボーメさんは海洋堂の美少女フィギュア系ではトップの造形師さんです。その時に話すことができたのですが……ぼくが話しかけても、ずっと無言なんです。「はぁ」とか「ふぅ」とか、息のような声しか聞こえません。

「専務、助けてください。ボーメさんと話しても、何も進みませんから」

「それがいいんです。まぁ、ほんとうにやる気があるなら、また来なさい」

その日は、専務にお好み焼き屋に連れて行ってもらって終わり、でした。

ひき続き、ＦＡＸのやりとりは続けたのですが、

「ムラカミさん、とにかくボーメは、あんたの企画をやりたくないと言っている。ボーメが言うには、デザインがイヤというか、何がやりたいのかさっぱりわからん、と。まぁ、確かに、あんたは、イヤミなだけでしょう？

オタクの批評？　批評じゃなくて批判だよコレは。

こういうふうに見せたくないからこそ、うちは聖域を守ってきたのに、あんたのような他所者に魂を売り渡したくない。しかもボーメみたいな海洋堂のエースを使って……」

「いや、いちばんいい造形師と言ったのは岡田斗司夫さんです」

「そんなのどちらでもよろしい！」

「じゃあ、ボーメさんが作りたいものって、何ですか？」

「知りたければ、大阪に来なさい」

もう一度、海洋堂に行きました。

ボーメさんと、また、二人にされましたが、こないだの二の舞になるまいと、ぼくは質問をしかけてゆきました。

「いま、オタクの中でいちばんヒットしているフィギュアは何ですか？」

そうしたら、『ヴァリアブル・ジオ』という、アンナミラーズみたいなウェイトレス系の女の子たちがバトルをするゲームを教えてくれました。

「じゃ、それを等身大フィギュアにしてください」

「え？……でも、そういうわけにはいきません」

「それが、いちばん、流行《はや》っているんですよね？」

「そうですけど……ちょっと専務を呼んでみます」

専務が来ました。

「ムラカミさん、そりゃあんた、オリジナルを描かなきゃいけないでしょう」

「じゃ、次までに描いてきます」

何度も何度も、絵をおくりましたが、すべてダメ出しをされました。

海洋堂さんからの反応は、

「もう、やめなさい。

才能とかそういうこと以前のハナシだ。

このプロジェクトそのものがまちがっているがゆえに、このスケッチは成功しないんだ。

そもそも、あんたはオタクというものが何か、まったくわかっていない」

「いや、ぼくはそもそもアニメーションが好きでして……」

「そんなハナシは、聞きたくない。

美少女を作りたいというなら、美少女オタクでなきゃいけない」

その時点で、岡田斗司夫さんにまた相談したんです。

すると一緒に、業界で有名な明貴《あきたか》美加さんという絵描きさんを口説きにいってくれました。

明貴美加、岡田斗司夫、海洋堂の専務、それからぼくの、四人で会いました。

三時間もの岡田斗司夫氏の熱弁に、明貴美加さんは応じませんでした。同時に、岡田斗司夫さんもこの日を境にこのプロジェクトから姿を消してゆきました。

明らかな負け戦、でした。その時点では。

海洋堂の専務は、明貴さんとも岡田さんとも別れた帰り道に、ぼくをクルマで送ってくれました。

「ムラカミさん、今日、どう思いましたか」

「残念でした」

「いや、そうじゃなくて、岡田斗司夫をどう思いましたか」

「口説けませんでしたね」

「……はぁ。

そこまでしかわからん男やな、あんたは。

あのスピーチは岡田先生のプレゼンの中でも最高のものだ。

なぜ、あんたなんかのために、あそこまで言ってくれるのか。

そこまで岡田先生がやりたいと言うなら脈ありなのだろうし、これはやっぱり海洋堂としてやるべき事業なのだろう。明貴美加さんがやめたがゆえに、われわれがやりましょう」

そこから、プロジェクトは本格的にはじまりました。

「ま、なんとか、ムラカミさんに、オタクのなんたるかをレクチャーしてみようか」

だけど、ぼくの絵は、レクチャーを通しても、まるでよくならなかったそうです。

「こりゃ、ラチがあかんから、ボーメ、もうこれで何とか作りなさい。ムラカミさんがいいと言っている『ヴァリアブル・ジオ』と、ムラカミさんのヘタクソな絵の中間地点で作ればいいじゃないか」

そうしてできたのが、後に六八〇〇万円の値がついた『Ｍｉｓｓ ｋｏ２』なのです。

原型はボーメさんに作ってもらいました。実作業は、大阪から二時間ぐらいかかるような奥地の原型屋さんにおねがいするということでした。

五十歳過ぎのおじさん職人が、一人でパチンコ屋の看板を作っているようなところ。

「はい、なんでもやりますよ」

「ムラカミさん、ここは安くて早いと、有名なんですわ。また一週間後に来ましょう」

その頃のぼくは、新幹線の切符を買うお金もロクにないのに、二週間か一週間に一回は、大阪に通っていたんです。

できあがったフィギュアを見ると……これが、ぜんぜんよくない。

でも、ボーメさんは「なかなかいい」と言いました。

「そうですか？　専務、ぼくにはさっぱりダメなものに見えるんですけど」

「バカ！

こういう業者さんがどれだけたいへんなのかをわかっていない人間が言いそうなことだ。

言わせてもらうけど、絵描きさんほどラクな商売はないよ。

絵描きは、ちょろっと描くだけでいい。まさに、あんただ。

しかも、ロクに描けもしないのに発注してきて、やれ作れだの、やれよくないだの、文句ばかり言って、冗談じゃない！

見えないところまで、ぜんぶ作らなきゃいけないのに、なんで、そんなに言われる筋合いがあるんだ！

……あのおっさんなりに最高の仕事をやっているんだから、認めるべきだろう？」

「ただ、ぼくの作品は、アートなので……」

「じゃあ、勝手にやればいいじゃないか！」

「いや、そういうことじゃないんですけど」

でも、塗装だけは何とかしてほしいと言うと、

「ボーメ、ちょっと塗ってやれ」

一時間ぐらいで、パパッと塗ってくれました。

そのまま、関西国際空港からニューヨークに持っていって展示したのですが、アメリカの美術誌の小さなレビューに載る程度で、あんまりウケなかったんですね。売れませんでした。

アメリカでの反応はいまいちだった、と海洋堂の専務に説明にいきました。

「うーん……。

じつはあの時、ワシも正直、あんたの言っていた『さっぱりダメ』には賛成だった。

でも、あの時そう言っても、もう、ラチがあかんでしょうが！

……まぁ、じゃあ、いい造形師を一人紹介するから、また来週、大阪に来なさい」

一週間後、新しい造形師さんである三枝《さえぐさ》さんという方に会って、発注し終わると、

「ムラカミさん、ちょっと退出してもらえますか？」

と専務が言うんです。十分ぐらいすると、出てきました。

「何を話していたんですか？」

「ヒミツ」

一か月後ぐらいに業者さんに会いにいくと、『Ｍｉｓｓ ｋｏ２』と、『エヴァンゲリオン』の綾波レイの等身大フィギュアが、いっしょに並んでいるんです。

ちょうど、『エヴァンゲリオン』のブームの頃。

最後の十分で話していたのはコレだったんだ……。

「ちょっと専務、なんですかこの綾波レイは」

「あんた、ワシがプロデュースして紹介してあげた業者さんに、ワシが仕事を頼んで、何が悪いんだ？　あんたのやらせたらうまかったんで頼んだだけだ」

「でも、オタクの世界で等身大のフィギュアをはじめて作るというのがこのプロジェクトの意味で……そんなアホなことをやるのはムラカミしかいないと、オタクの世界でもはじめてだというハナシだったたんじゃないですか？」

「知りません。そんなハナシ、しましたっけ？　まぁ、せめてもの罪滅ぼしに、ワンダーフェスティバル（オタクの祭典）であんたのブースを用意してあげますわ」

でも、業者さんは、綾波レイをワンダーフェスティバルにまにあわせるために、ぼくのものをあとまわしにしていて……みんな、ぼくのブースで塗装していない『Ｍｉｓｓ　ｋｏ２』を見て「何やってんだ、このブースは」という感じでした。

一方で、綾波レイの方は、もう完全塗装で完成していて、そっちが等身大フィギュアの第一号みたいになって、大評判でした。次の年のワンダーフェスティバルには追随者も出てきて、等身大のフィギュアが流行したのです。

海洋堂の専務は、その間に中国でフィギュアを大量生産する技術を確立していましたから、一大フィギュアブームが訪れたのでした。

海洋堂の専務のいいところは、最初は「え、そんなこと言いましたっけ？」と仁義なき戦いをくりひろげても、あとで仁義を拾ってくれるところです。

「まぁ、こういう状況になったのも、ムラカミさんのおかげだ。ムラカミにたぶらかされた、という言い訳があったから、われわれも等身大をできたわけで。

あんたに、ごほうびをあげよう。いちばん最初に作りたいといっていたやつ（『Ｈｉｒｏｐｏｎ』）を作ってやるよ」

評価されていない作品ほど大化けする

ところが、半年ぐらいして、来てくださいと呼ばれたので大阪に行くと、海洋堂の中に、腕とか、足とか、『Ｈｉｒｏｐｏｎ』のパーツだけが転がっていたのです。

「もう、はっきりいって、全員、お手あげですわ。うちは、やりたくない仕事はやらない会社だし。

ムラカミさん、コレ、持っていってくださいよ」

このままだと、『Ｈｉｒｏｐｏｎ』はできあがらない。三枝さんという造形師さんのところに、いっしょに頼みにいってほしいと、専務におねがいしました。

「三枝さんも、なかなか、つかまらない人だよ。まぁ、電話してみるけど……あ、つながった」

それで、三枝さんのところに行きました。いい方で、バラバラの人体のパーツから、等身大のフィギュアを作ってくれたんです。

ただし、やはり前回と同様に、納品してくれたものを、自分で直したくなりました。

「専務、直したいんですけど」

「ちょうど店をとじるところで、店のスペースを使っていいですよ。何日でも泊まってってください」

当時、関西や名古屋で大学の講演会によく呼ばれていたので、そこの学生さんたちにボランティアで手伝ってもらって、一週間ぐらい、海洋堂の店舗スペースに寝泊まりしました。シンナーとか、もっと劇薬のアセトンとか、樹脂の強烈な刺激臭の中で作業しては眠る日々。

すると、海洋堂の当時の社長（今の会長。専務のお父さん）が、やってきたんです。

い!

「ムラカミさん、あなた、なかなかのタマじゃないか。

こんな目茶苦茶なくだらないことに、若い衆が十五人も集まってきている……おもしろい!

ちょっと、銭湯に行きませんか?」

まずは裸のつきあい。

まずはサウナに入る。

そんなふうに、何かと海洋堂らしいプロセスがあるんですけど、社長とハナシをすることになりました。

そこで、一応、おメガネにかなったみたいなのです。

「専務、彼を全面的にバックアップしなさい。

こいつはおもしろい。

だいたい、いまどき、こんなに熱い人間は、いないだろう。

うちも、最近はカネだカネだと言いはじめてるじゃないか。

最近の海洋堂はよくない。儲かっているのが、よくない。

昔は、儲からなくても、熱があったのに……いまのムラカミさんを見なさい!

この寒空の下、若者たちと、みんなでさんざん、シンナー中毒になられている!

それで、若者たちには弁当代も出さないなんて、こんなやつに人がついてきているのが、いまどきめずらしいじゃないか」

……学生さんたちへの弁当代は出していたんですけど、めずらしいからこいつに肩入れしなさいということになったのですね。

あとで、オタク評論家のあさのまさひこさんに、言われました。

「ムラカミさん、ふつう、海洋堂と二年以上つきあうなんて不可能ですよ？　岡田斗司夫さんに手引きされたとは言え、そもそも、海洋堂のフィギュアのブームもきていないうちから、わざわざ、東京から関西フィギュアに着目したムラカミさんの真意からして突飛なものだし。

実際にやっているプロジェクトにしても、オタクの元ネタをバラすようなもので、オタクには何もいいことなんてない行為だし……。

わけがわからないから、おもしろい！」

こんなふうにして、あさのさんをはじめ、いろいろな人がこのプロジェクトに手を挙げて参加してくれるようになりました。

セクシュアリティを全面に出した『Ｈｉｒｏｐｏｎ』は、アメリカでウケましたフィギュアも、すぐに売れました。

その次に作った、オタクの世界ではタブーだった男性フィギュア『マイ・ロンサム・カウボーイ』も、ものすごくウケました。

発表した場所が、ロサンゼルスだったというのも、よかったのかもしれませんが、作品は、あっというまに売りきれました。

『Ｈｉｒｏｐｏｎ』も二体ぐらい残っていたけど、それもすぐに売れてしまいました。コレはいけるぞ、と思いました。

しかし、『Ｍｉｓｓ　ｋｏ２』は、その会場でもあいかわらず売れません。

どこかでモトをとらなきゃいけないと思って、『Ｍｉｓｓ　ｋｏ２』のレプリカのフィギュアを二百体作りました。海洋堂の専務に頼んで中国の大量生産のラインにのせてもらって、渋谷のパルコのショーで販売しました。

専務は、なんども、念をおすんですよね。

「ムラカミさん、ほんとにいいんですか？」

「いいですよ」

「ほんとですか？　ほんとにいいんですね」

実際に売れたのは六十数体でした。またもや『Ｍｉｓｓ　ｋｏ２』では負けたんですね。

しばらく経つと、埼玉のプレハブの仕事場に、トラック数台ぶんの荷物がとどきました。

「え、なんですか、コレ？」

「なんか、大阪からですよ」

「こんなの頼んでないけど」

中身を見たら、百数十体の『Ｍｉｓｓ　ｋｏ２』でして……。

当時、一棟だったプレハブ（一軒家程度の大きさ）が、フィギュアだけでいっぱいになってしまうほどの物量。

大阪に、電話しました。

「専務、こんなの、聞いてないよ！」

「だから、何度も、確認したでしょ」

つまり、『Ｍｉｓｓ　ｋｏ２』は、他のフィギュアに比べても「ウケないプロジェクト」だったのです。

ただ、更に進化形のプロジェクト（ＳＭＰｋｏ２、サトエリｋｏ２ちゃん）が進むなかで、『Ｍｉｓｓ　ｋｏ２』は美術雑誌の表紙を飾るようにもなりました。その雑誌をアメリカに持っていったりすると、

「どうも、日本では『ｋｏ２ちゃん』が流行っているらしいぞ」

という捉え方がひろがっていったのです。

「あれだけウケた『Ｈｉｒｏｐｏｎ』や『マイ・ロンサム・カウボーイ』も、日本では雑誌の表紙になっていないの？　一連のプロジェクトのそもそもの元祖はｋｏ２ちゃんなの？　それなら、元祖の方が、価値があるはずでしょう」

『Ｈｉｒｏｐｏｎ』に四八〇〇万円の値段がついた時に「元祖」として認識されたからこそ、何もウケていなかった『Ｍｉｓｓ　ｋｏ２』は、オークションで突発的に六八〇〇万円で落札されることになったのです。プレハブ一棟ぶんの『Ｍｉｓｓ　ｋｏ２』も海外のアートフェアで次第に売れてゆきました。

値段があがっていくプロセスというのは、こういうものです。

ちょうど、アメリカではジャパニメーションブームがあって、それが発酵熟成して日本文化ブームがあって、ぼくの『スーパーフラット』展もあって、作品を受けいれてもらえる下地ができていたんですね。

「いかにオリジナリティのあるものなのか」

「いかに他の世界にはない世界観のものなのか」

それが伝わった結果についたのがこの価格なのです。

こういう美術の評価の過程では、むしろ評価をされ続けていなかった作品ほど、一度、評価されると、大評価につながるというしくみがあるのです。

いちばん最初に評価をした人は、いばりはじめたり……しかも、最初に評価をした人は、ほんとに先見の明のある優秀な美術評論家だったりしますからね。

だからこそ、芸術家は、のちの評価のために、必死に作品の意味作りをしてゆくのです。

世界に、唯一の自分の核心を提出する

作品を意味づけるために芸術の世界でやることは、決まっています。

世界共通のルールというものがあるのです。

「世界で唯一の自分を発見し、その核心を歴史と相対化させつつ、発表すること」

これだけです。

簡単に見えるかもしれませんが、正直な自分をさらけだしてその核心を作品化するに至るには厳しい心の鍛練が必要です。

日本国内の生活習慣からは出てきづらい方法でもあります。

芸術は「強烈な独創」が基準点で、前人未到の新しさを世界に提案できるかどうかの勝負だから「唯一の自分」の発見は欠かせません。

Mr.というアーティストは、ぜんぜんお金の出ない無給時代からぼくのアシスタントとして

まさしく苦楽を共にしてきました。アトリエでは自炊当番制のカレー生活を続けていました。

彼はオタクです。ロリコンでアイドルマニアで元ヤンキー。

物が捨てられず、自宅は十数年ぶんのレシートや古本やビデオや拾い集めたゴミで溢《あふ》れ、引っ越してもゴミはすぐに彼の部屋から溢れでる……一般的なだらしないオタクとも言えますが、一見ネガティブな要素ばかりの彼のライフスタイルは、芸術家を生業に選んだ瞬間に逆転現象を起こせるのです。

「世界で唯一の自分を発見し、その核心を発表すること」

世界の美術に共通のこの前提に「オタクでロリコンで元暴走族でゴミ収集家で芸術家志望」というコンビネーションなら飛びだせるのです。

欧米の社会にこんな人間はほぼいませんから、彼の背景を核心に作品のモチーフを探していけば、彼にしか作れない独創性の溢れる作品ができあがってゆくはずなのですよね。

出会った頃の彼は美術学校の卒業制作でイタリアのアルテ・ポーベラ風の「ゴミの山の貧乏アート」を展開していました。

いかにも美術が好きですと言いたそうな中途半端な美大的なインスタレーションでした。そんな作風からの脱皮を示唆したのはちょっとした会話でした。

「人生でいちばんハッピーな瞬間って何？」

「コミケで同人誌を買う時です。

ぼく、エロ同人誌を六百冊以上は持っているんです。

まわりの人がイヤがるので今まで黙っていたんですけど……」

興味を持ったぼくは、彼がひそかに描いていたロリコン的な少女の大量のスケッチを見せてもらいました。

するとそこにはインスタレーションでは未消化だったはずの彼のリアルな魂の声があるのです。

「あ、ここにあったんだ」

彼の心のボタンを発見しました。

その後の彼の作品は……破廉恥極まりないものばかりになりました。

夜、小学生の女の子と手をつないで歩いている全裸の自画像の絵画。

しかも自画像の性器には裸の小人の男の子が元気に笑って立っているのだから、正直、これは犯罪じゃないかとも思いますけど、絵画だから犯罪でも何でもありません。

エロティックではありますが、彼自身の心の核心部分が投影されていたのです。

ゴヤの『我が子を喰らうサトゥルヌス』を見たような衝撃と感動がつきあげたのです。

現代の日本に暮らす人間が抱える「闇の神話性」がリアルに閉じこめられていました。

エロを超えたアートの文脈に辿りついているから、見る者を圧倒する絵画なのですね。欧米のアートシーンでは作家の正直な心情の吐露こそが作品の受けいれられる重要な要素となるのですが、今や彼は、

「世界のアートフェアで作品は完売」

「立体作品は二万ドルを超える高値の落札」

と、立派なアーティストとして海外での発表を続けているのです。

興味を追求することは大切です。

ぼくはこの三年ほどは、睡蓮を育てて、メダカを育てて、サボテンを育てていますが、育てている興味の原因はまだよくわかりません。

ただただ育てているだけなのですけど、興味があるという要素はそれだけで重要ですし、ぼくは興味のあることの核心部の根拠探しをし続けたいのです。

仕事を決めてから好きになるよりも、好きなことに仕事をひきつけていく方が、お客さんに共感してもらえる頻度が高くなるというのは当然のことですから。

だからその時々の自分の欲求に忠実になれば、ちゃんと仕事がくっついてくるんじゃないかと思うのです。

興味本位でいいかげんに作りはじめても、

「これは何でだろう？」

と興味を追求していくうちにどんどんおもしろくなって疑問が出てきてそれの答えが発見されてきて、と盛りあがるものですから。

「自分の興味を究明する」

「好きなように生きている」

この二つは、かなり違うことです。

芸術をやりたい若い人特有のよくないところがあるのですが、それは、みんなが「修業なんて必要ない」と信じているところです。

親から「好きなようにやりなさい」と言われ続けた人が芸術の世界に入ってきて、それで本当にものすごく好きなように生きています。

ものを作ることが好きなのかさえわからないまま、

「大人《おとな》しい生活に戻るよりも興奮できるお祭り騒ぎの方がおもしろい」

という理由で芸術の世界に留まっていたりするのです。

「そういう行動をすれば、当然こう思われるのに、なんでそんなことをするんだ」

とか、両親の教育の下地のない人もいたりします。

単純に言えば「我慢」を知らない人の多い業界なのですが、物事を伝えるための最低限の

「てにをは」ぐらいは身につけるべきです。

訓練がまるでないまま表現している人の量にゾッとするというか、ちょっとでもいいと、先生や仲間がほめちぎるからうまくいかなくなるんじゃないかな、と感じているんです。

「私の絵が一枚でも認められれば、一攫千金《いっかく》だ！」

芸術の世界には、若者が気軽に参入してきます。

しかし、すごい金額がついたりするのはずいぶん後のことです。

一枚、一〇〇〇円や二〇〇〇円で売らなければいけない時代を経なければいけないのになぁとは思います。

「修業しなくてもやっていける」という思いこみがあまりに蔓延しているので、ぼくは却って「この幻想は誰が発明したのだろう」と興味を持ってしまったりもします。

まぁ、永遠のモラトリアムの夢空間に居続けたい人が、やってきちゃう世界なのかもしれませんけど。

『美術手帖』あたりに一度でも作品が掲載されてしまえば、それだけで最高にハッピー。

それからはどこかの美術の先生になる権利を手に入れて、小さい安全な芸術の監獄の中でブイブイ言わせて一生安泰で終わりたがるような希望は、本当に芸術ヤル気あるの？　と疑ってしまいます。

なんで、ぐうたらな人間がアートを目指したがるのかなぁ。

すごいアーティストは、ぐうたらに見えても、実際はものすごく勤勉なのですけどね……。

自己満足を超える価値を発見するには

時代のカラーがありますから、若手アーティストへのマネジメントは、

「いろいろな作品を作ってみて伸びるところを伸ばして伸びないところは止める」

というものになります。

アーティストはお客さんに育てられるところがあります。

売れはじめるとアーティスト本人にも自信がついて不思議に絵が堂々としてくるんです。

絵のレベルもあがりますし、絵にコブシが効いてくるようになります。

ぼくのマネジメントにおける作品の査定基準は明確です。

「オークションハウスなど流通市場（セカンダリーマーケット）に耐えられるかどうか」

最初に好きな人に買ってもらえるだけではそこで止まってしまいますから。

作品が流通市場で競売にかけられる時、何十倍、何百倍の価値のつく作品でなければ、芸術商品にはなれないのです。

芸術作品の現実は「投機対象になる商品」ですから。流通市場を見据えて作品制作の過程から何をどうしこんでいくのかが勝負になると思います。

そこでは当然、大勢の人が関わった方がいい作品になります。

ぼくは構図がバラバラなら口を出します。

「こう並べてみたら?」

「この空間が空いているけど、どんな設定だったっけ?」

質問や相談を通して作品のテーマを作りあげていくみたいなところがあります。

ミュージシャンの中には、プロデューサーを次々に変えてそれぞれの持ち味をひきあげて自分のものにしてゆくタイプもいますけど、そんな風にしたたかに作品をしあげていってほしいとぼくは考えているのです。

アーティストの作るものは「新しい概念」で、そこにプロデューサーが様々な要素を巻きつけてゆくわけです。

そういう共同作業を「オリジナリティの観点からするとねぇ」とか文句を言う人たちは、どうぞそのまま一人でお進みくださいと思います。結局は作品が世界で生き残らなければ話になりません。

だからこそ、「マーケットに耐えうるものなのかどうか」が最も重要な基準なのです。

そのために、アーティストの中では既にしあげ終わっているという作品があったとしても、ぼくは何か月も何十回も描き直してもらうことがあります。

作品がオークションハウスに出る時には値段が最初の何十倍にもなっているのです。

そうなればヘタなものでは流通できなくなる……デビュー当時二万円だった絵が二〇〇万になることに、ちゃんと責任を持たなければなりません。

儲かるからといってただたくさん描かせていてはだめでしょう。

九〇年代のロンドンのアートシーンで生き残ったのはダミアン・ハースト一人だけでした。多くのギャラリストは「儲かるから」という理由でアーティストを急かせて過剰供給したけど、最後は売れ残りがダブついて業界から作品が消えてゆくことになりました。

ギャラリーは「売れ残るようになったら捨てればいいや」という立場にいるのです。

だからぼくは、エージェントをしているのです。

アーティストの延命のためには、作品が流通市場に出て価値が何十倍にも跳ねあがった時にその評価にもちゃんと追いつけるような内容にしておかなければならないと常に意識しています。

付加価値をどうつけられるのかのシナリオを考えてゆくのです。

ぼくのマネジメントの方法がすべてとは思いません。特殊すぎるし推薦はできません。

うちは今そういうふうにやっていて成功してるけど、未来はぜんぜん違うはずだから。

株式市場と同じです。時代の価値と気分が市場という総体を形成するように芸術の世界も気分は重要です。作品制作の傍らで時代のリアリティを検索し続けることも大事ですよね。

つまり……生き残るのだ、という情熱が不可欠なのです。

「ある程度、食べられるだけのお金を稼いで終わり」

というのなら、そこまでやる必要がありません。サラリーマンより低い収入でも自由にやれていればいいというのなら、別に今の時代は何をやってでも生きていけますからね。

そういう意味では過剰な人じゃないと過剰なところには辿りつけません。

「練習やってきて」

「描き直してきて」

そう言われたらその何倍も鍛練してくる人じゃなければ生き残れません。情熱の心が折れたらだめなのです。

世界にプレゼンテーションをする秘訣

日本では漫画やアニメが大量消費産業に発達しました。

漫画家やアニメ映画監督のステイタスも収入も非常に高く、ほとんど芸術家としての地位を確立していますから、日本では「大衆娯楽」の形で子供も大人も巻きこむ芸術が育ったのだとぼくは捉えています。

現代の漫画やアニメの文化の決まりごとの発信基地は日本です。

ぼくは「ここに、世界の美術界で戦うための優位性はないものか」と考えました。

漫画やアニメの芸術性の根幹を、日本人独自の方法論で欧米に伝えることはできないだろうか……そういう角度で論理を組みたて、作品を制作してきたのです。

日本には漫画やアニメという新しい形のアートが存在しているのに、欧米に流通させたり納得させたりする説明の下地がありませんでした。

当然です。

今まで日本はほとんど欧米の模倣で文化が構築されてきた国ですから、自国の文化をわかりやすく説明して輸出することには慣れていなかったのです。

日本で芸術が活発でないのは「ピンと来た」という新発見よりも、みんなで同じ考えを共有することの価値の方が高くなっているからではないでしょうか。「ピンと来た」という物事に自分を賭けて、それが評価されるという土壌がないと言いますか。これは「ピンと来た」を快感に思うという教育を施されてきた欧米人と、そうでない教育を施されてきた日本人の差だと思うのですが。

ぼくには日本の文化を「欧米の美術の文脈」の中でちゃんと伝えられている自負があります。

アメリカで芸術の文脈や理論の構築方法を学んだからこそ、翻訳ができているのです。

アメリカ人に日本の漫画を説明するとします。

浮世絵やかつての漫画の話をしても退屈がられるだけでしょう。

それでは相手の予想通りなのですから。

強い興味を持ってもらうには予想外の工夫が必要なのです。

国の歴史の浅いアメリカ人は壮大な歴史の話を聞きたがると知っているのなら「ウソでないことを前提に、縄文時代にまで遡《さかのぼ》って話をする」とか。

伝えたいことがあるなら脚色を加えておもしろく説明をする努力は必要不可欠でしょう。

日本人の説明は真面目一辺倒でつまらなくなりがちですが、ものを伝えることは娯楽だと割りきらなければなりません。

興味を抱かせて、楽しませて、ひきこんでゆく。

文化の違う国とビジネスをする時には「ただ、ありのままの説明」だけでは不充分です。

作品からは一つではなくいくつものセールスポイントを提供できなければなりません。ブランド化できるかどうかはそこが分かれ目だと思うのです。

日本の文化の潜在能力に自信があれば、尚更、まだまだ弱い日本人の伝達能力を磨かなければなりません。「文化の精神性を説明」などと言うとわかりづらくて拒否されるのではないかとわれわれ日本人は思いがちですけど、そういうところを徹底的に伝えることが、案外、現代の美術の世界においては大切な仕事になるのです。

芸術の表現をしようとする時には、制作の背景や動機や設定が緻密《ちみつ》に必要になります。作品制作を重ねるほど「生まれ育った日本」や「芸術のよりどころ」を咀嚼《そしやく》しなければ一歩も先に進めなくなるとぼくは気づきました。

例えば、「スーパーフラット」という概念まで見る人が辿りつかなそうだと思えば、「ポップ」の入口から入れる展覧会にしておくなどというように、一つだけでなくたくさんの入口を用意しておくべきでしょう。

簡単に逃げられない罠《わな》や娯楽をしかけておかなければならないのです。

欧米のトップの美術批評家は、時代の基準をきちんと作ります。

社会的にも、かなり尊敬されています。確実な批評の訓練を受けたインテリですから論説もきちんと定石を踏んできますし、だからこそ芸術という非論理的なものに興味を持ち「わけのわからないものを論理で語ること」に挑戦できるのです。

日本の美術の世界の批評は残念ながら非論理的部分に終始していて悲しいのですけど、批評家は実力も地位もすごいから顔役になっています。

彼らに睨《にら》まれた芸術家は意気消沈したり「殺《や》ってやる！」といきまいたりしています。芸術の作品の基準を伝える人が権威として存在している社会は、芸術家の行動への意味づけが正確ですから、美術が美術として機能しているのです。

海外で、いくらぼくの作品が騒がれても、日本の報道ではその実情が伝わりません。これは美術評論が美術評論として機能していない表われだと思うのです。

欧米にも日本にも一長一短はあります。

分析と伝達の能力の優れた欧米では批評を気にしなければならないのですが、日本では批評を気にせず遊び半分で作品が作れるという利点もあります。

ぼくは日本に生まれた人間です。

海外では二日とおかずに日本食が食べたくなります。日本人としての記憶に抗《あらが》うことも試してみましたが、無理があるので最近は素直な欲求に随《したが》うようにしています。

日本人としての欲求や記憶を持つ人物の想定する美しさは、やはり醬油《しょうゆ》くさいものになるのはしかたがありません。

日本の芸術が世界で評価されなかった理由はこの「醬油くささ」の扱いにあるのではない

かとぼくは思いました。

戦後の日本の美術の世界は「醬油くささ」の隠蔽《いんぺい》と外国料理の模倣に明け暮れたようなものです。欧米人になりすまそうとするから、ますます評価されなくなったのでしょう。

「安易に外国におもねらなくていい。

日本人としての記憶を騙してはならない。

日本の核心となる部分だからこそ世界に普遍的な表現をあみださなければいけない」

自分のリアルな感覚を信じることを軸にしたい、と思ってきたのです。

ぼくの作品は無軌道に作られているかのように思われがちで、確かに欧米文化のいいとこどりもしていますが基本的には「ぬぐいきれない日本文化」を素材に欧米で表現しています。

日本の文化を欧米に伝えるには、西洋の味の模倣をするのではなく、日本の味のまま濃くするべきなのです。

ニューヨークが欧米の美術の基準を形成しています。

欧米は美術に「前衛」の濃い目の香辛料を期待しています。

日本は「前衛」の主張の強さをヤボと受けとめますから、そこは同じ美術の素材でも相反する演出方法が必要になります。

こうして、調査と実践と現場に即したプレゼンに、ぼくは力を注いできたのでした。欧米と日本の芸術の文化の間に橋をかけてきたという自負はあります。

ぼくは作品発表の演出にはうるさいです。展覧会が紹介されている番組をテレビで見ると、

「この美術館は、天井があまりにも低くない？」

「キュレーター、センスない！」

ブツブツ文句を言わずにはいられません。

どう紹介するかこそが、命なのですから。

歴史を勉強すると自由な作品が作れる

「日本人芸術家は、何で世界に挑戦しないのか。何で世界に通用しなかったのか」

見たくないものには蓋をしてきたのが日本の芸術の世界なのですが、そこに満足がいかない人は芸術の道を突き進むしかありません。

何やかんや言ってぼくは、芸術中毒なのです。

お酒を飲む人は「体に悪い」と知っていても一瞬の気持ちよさのために飲みますよね。

芸術も同じです。

想像していたものができあがる。

「うわぁ……やってよかったなぁ！」

そういう気分は一年に一回ぐらいしかありません。だいたい三秒ぐらいで終わります。

「デカい作品を撤収しなきゃいけないなぁ」

「インタビューも受けなきゃいけないなぁ」

「今回、やっぱり、お金を使いすぎたなぁ」

大半はこういうことばかり思うのですが、

「やってよかったなぁ！」

という気持ちが爆発した数秒間だけは、身も心も「これでよし」という感じを味わうことができるのです。

「摑めたな！」

そう思えることが、ぼくの至福の瞬間なのです。

他のことでは絶対に得られない「コイツが欲しかったんだな」という一発があるから、つらくても、ついつい、作品制作に向かってしまうのです。

「摑めたな！」という快感を知ってしまえば、たぶん、際限なく、そこに向かいたくなってしまいます。

ぼくが最初にそういうことを感じたのは、大学受験予備校で絵を描いていた時でした。

「花」や「林檎《りんご》」を、延々と描かされ続けている……。

無駄な時間。

つまらない！

あれ、でも、花が生殖器に見えてきたぞ？

そこから二時間かけて絵を描く。描きはじめた時に比べて花が動いている。

「今の方が美しい」

ぼくはそこで、今まで描いたぜんぶを消して描き直しました。

自分は、こういう「絵を描くという行為」を通して、物とコンタクトを取ることのできる世界に進もうとしているんだ、ということがわかって、うれしくなったのでした。

ぼくは勉強ができませんでした。言葉もうまくありませんでした。

風体からも、周囲とはコミュニケーションがしづらかったのです。

だから何かものを作るということはなくてはならないものでした。それがなければ周囲や世界とコミュニケーションが取れなかったのです。

ぼくにとって、ものを作ることは自由を手に入れてゆくことでもありました。だからこそ、若い芸術家に助言したくなるのです。「こうすればもっと自由を手に入れられるよ」と。

一生の間、歴史を学習し続ければ、どんどん自由になれる。

これは当たり前のことです。

芸術の世界だけではなく、どの業界にもどの分野にも特有の文脈がありますが、「文脈の歴史のひきだしを開けたり閉めたりすること」が、価値や流行を生みだします。

ひきだしを知らないまま自由自在に何かができるということは錯覚や誤解に過ぎません。

そして、ひきだしを知らずに何かをやるという不可能なことに挑戦し続けてきたのが戦後の日本の美術界だったのだと思うのです。

ひきだしを知らずに作られた芸術作品は、

「個人のものすごく小さな体験をもとにした、おもしろくも何ともない小《ちっ》ちゃい経験則のドラマ」

にしかなりえません。

小さな浪花節《なにわぶし》的な世界です。

日本人はそういう生まれてから死ぬまでの小さな経験則が好きなんですけど、その程度のドラマしか設定できないことは、世界の表現の舞台で勝負する上では欠点になるのです。

な〜んちゃって書家の標語レベルならまだいいんです。小さな個人のドラマしかなくても言葉でわかるから。

ところが小さな個人のドラマが抽象絵画に乗せられたら、誰も理解してくれません。芸術家は歴史を学ぶべきなのです。

どういう作品が人々と接点が多いのか。どういう作品が人々と接点が少ないのか。歴史を学んだら、どうなるか。人々とどういう接点を持つのかを選択していくことができます。

歴史の探索の方法を、ぼくは美術大学では教わりませんでした。

もちろん西洋美術史や日本美術史の授業はありましたが、「作品制作のためのデータベースとして歴史を使う」という方法は教わりませんでした。

日本の芸術の世界で、歴史は「使うもの」ではありませんでしたが、漫画の世界では、既にこれは実現していました。

漫画は物語を作らなければいけないから、漫画家も編集者も古今東西の娯楽の原点を求めていくことになりました。

そういうふうに、歴史のひきだしをどんどん作ることによって、おもしろいものができるメディアとして発展してきたのではないでしょうか。

郵政民営化が焦点になった時の衆議院選挙があれだけ盛りあがったのは、「派閥」「改革」というような戦後の日本の政治の文脈につながるシナリオが、ものすごくわかりやすかったからだと思うのです。芸術もまったく同じです。文脈を勝手に読みとって消費するのがお客さんなのですから。

歴史のひきだしを開けると、未来が見える

歴史のひきだしを開けて自分の興味の純度をあげてゆく行為は、連想ゲームのようなものです。

アニメが好き
↓アニメーターは金田《かなだ》伊功《よしのり》が好き
↓彼のドローイングの動きが好き
↓爆発のドローイングが特に好き
↓線の動きが好き

そういうところまで来れば、ドローイングの動きを自分が描けばいいだろうということで、ぼくはスプラッシュペインティングを描いてゆくことになりました。

描いていくうちに立体化に思いが至りました。そこで男の子の性器から精液がしぶきをあげていく彫刻作品、『マイ・ロンサム・カウボーイ』を制作することになったのです。

『メメクラゲ』という作品制作の源も歴史のひきだしにありました。

ぼくは子供の頃、水木しげるさんの漫画『ゲゲゲの鬼太郎』の大ファンでした。水木さんのキャラクターには体中に目を持つ「百目」という妖怪がいて、その妖怪が大好きだったのです。

「たくさんの目」は、まるで未来を見つめることが可能になるような、不思議な魅力がありました。

ぼくの家には百目ダンボールの紙に夜光塗料のついたペラペラな置き物（当時五円）があり、複数の目がこちらを睨み続けているような気がしていました。

小学校の国語の教科書では「家に飾られている絵が主人公の女の子を見つめ続けている。その絵は部屋のどこにいても彼女を見つめるから、怖くて家に帰れない」という物語を読んだことがあります。

後に西洋美術のペイントやデッサンの技術を学ぶと、「目」のことを思いだしました。三次元の世界を二次元に表現する西洋美術の技法は錯覚を生みだしていますが、

「多数の目を並べると人を見つめ続ける圧迫感を与えることができる。これも錯覚だ！」

圧迫感と遠近法を関連づけようとも試みましたが『スーパーフラット』の構想が浮かんだ時には、その概念をいちばん表現しやすいのは多数の目だと思いました。これが『メメクラゲ』のイメージを作るきっかけになったのです。

『スーパーフラット』は、これまでうまく説明されてこなかった日本の文化の概念の一部を理解するのにちょうどよいのです。

「すべてが超二次元的」という日本のスーパーフラット的な技法は、一点透視図法を用いた西洋の伝統の手法とは違う「多数視点法」を形成しています。多数の目も、それを描くことで様々な遠近感が生まれてきているのです。

西洋の絵画の発展は、科学的数学的手段である一点透視図法による写実によってなしとげられました。西洋の美術の神髄は客観性の追求であり、現世とそれを超えた神秘的な世界像を客観的に表現する方法だったのです。

フランスでジャポニズムがブームになった時には「科学的な法則を根本に据えた技法や考え方」が行き詰まり、もっと抽象的で自由な表現への憧憬《しょうけい》が強くなっていたのではないかと推理できたわけです。

日本の伝統的な絵画は、目で見たものを主観的に好きな角度から表現しています。数学的にはほとんど無秩序な画法にも見えますが、ただ無秩序と片づけるべきものではないのです。

葛飾北斎が小さな体に巨大なペニスを描いているのを見ると、一枚の絵画に作者の主観がシステマティックに入りこみ、カメラがペニスにズームインしているような効果があるのだということが理解できます。デイビッド・ホックニーのフォトコラージュも似たような手法で「多数視点法」は科学的手法でもあると言えるのではないでしょうか。

ぼくの作品の『メメクラゲ』は、たくさんの目がこちらを見ています。これらのすべての目をコンピュータにつないでスクリーンに映したら、一点から放射状に遠近感を生む西洋絵画とはまるで違う遠近感を見ることができるはずです。

映画『マトリックス』に見られるように、現代のCGでは一点透視図法よりもスーパーフラット的空間の方が自然にすら見えるのです。多数視点法は、科学的、数学的にも整合性を持った視点とは言えまいか……それがスーパーフラットの概念の基礎となりました。

『スーパーフラット』展に作品を出していた作家がたくさん選出された展覧会が『スーパーフラット』展の流行の後にイギリスで行われたことがあります。

気に入りませんでした。テーマは「東京」でした。

模倣だけど、概念がまるで違っていたからです。

現地のキュレーターたちの演出は、昔ながらのエキゾチックな日本文化を紹介するに留まり、あろうことかそこに日本人作家も無自覚に参加していたからです。それでは何も新しい美術の価値の基準なんて生まれるはずもなく、あいかわらずの勘違いしか生まれないのです。

『スーパーフラット』でぼくがやろうとしたことは、日本の美術の歴史から美術の未来の方向を割りだしていくことです。

「欧米の分析方法から自己言及的な日本像を導き、その向こうに見える普遍的な美意識を世界の美術の文脈の一つに組みいれる」

これは美術の歴史への挑戦でした。

当時の流行に乗った展覧会にニーズがあったのも理解はできましたが「エキゾチックな文化」としか日本の文化を受けとめない『スーパーフラット』もどきの展覧会が行われていたのは残念だったのです。

歴史から自分だけの宝を見つける方法

芸術家がいいものを作るための近道は、偶然の幸運をいかに自分の手の中に摑むかなのですが、これはたぶん待っていてもなかなか得ることはできません。

物事を徹底的に追求して、必然的な要素を積み重ねて、ようやくチャンスはやってくるものなのです。

歴史の中から自分だけの宝を見つけることは、日本人ならかなり得意なんじゃないかと思います。

しかし宝を世界にプレゼンするのには言語のバリアがあるからなかなかできない……ただし『料理の鉄人』が英語になった瞬間にみんなにわかってもらえたように、考えの発展を促す道さえ作れば日本人の潜在能力は充分に世界に通用すると思うのです。

美術のルールを読み解く方法は簡単なのです。歴史を学べばいいのです。

好きな作品や好きな作家の辿ってきた系譜をしっかり勉強するだけで、かなりのことが見えてくると思います。

予備校で毎日デッサンを描いている人なら、平面構成をした後に、

「いいと言われたもの」

「悪いと言われたもの」

「自分自身の好きなもの」

を並べて見るだけでわかるのです。

自分の探さなければならない歴史が、まずわかります。

わかったら、実際に歴史を読み解けばいいんです。

そうすれば美術のルールはすぐに理解できます。

自分の惹《ひ》かれているものを読み解くと、欧米の美術のルールだけとは言わず自分の動いているルールそのものも摑めるはずです。

ぼくは自分の女の子の趣味を調べたことがあります。町ですれ違うとなぜかふりむいてしまう人とそうでない人がいる理由を知りたいと思ったのです。様々な女の子の写真を見て気になった子の共通点は「緑色の洋服を着ている」でした……。

わからないことがあるものだなと思いましたが、「緑色」が自分を驚くほど動かしていたのです。こういう「根拠がないように見えるけど明らかに存在するルール」も、かなり大事にすべきだと思います。

日本の芸術の技術は高いのです。だから、目的地がわかれば宝を発見できます。芸術で最も重要な問題は「いかに新しい表現を探しあてられるか」に尽きます。新しい表現を探しあてた人は長く尊敬されて讃えられますが、発見に至るまでの冒険の途中には苦悶《くもん》はつきものです。

この冒険の実情は日本の芸術教育の現場では伝えられていません。

ある意味では当たり前のことです。明治維新以後の日本では「芸術＝欧米の芸術の模倣」と刷りこまれてきたのですから。既に誰かが発掘した宝に辿りつくまでの地図をありがたく崇めては先人の歩みの通りに進んでよろこんできたのが日本人の芸術なのです。これでは新しい宝には行き当たりません。

発掘されていない宝を手に入れるため、ぼくは次のような五段階の方針をとりました。

①自分の興味のある表現分野を探し、その分野の歴史を徹底的に学ぶ。
②その分野に興味を持ちはじめた理由を探す。興味の源泉は肯定的なものだけではないから理由を探すとかならず行き止まりになるが、それでも原因を究明する。
③究明し終わるとそれが本当に自分の興味のある分野かどうかあやうくなっているので、自分の興味のある表現分野がどこにあるのかを何度も検証し直す。
④興味の検証を終えて歴史を徹底的に学ぶと、宝島に行くための地図が見えてくる。
⑤地図を解析する勉強に励み、資金を整えて、いざ宝島に出かける航海をはじめる。

美術教育の成否は本来、

「自分の興味のある分野を探すこと」

「自分の求めている目的の設定」

この二つの間の試行錯誤にかかっているはずです。

ところが実際の美術教育は、

「(教授が着目した) 主観的な歴史を学ぶこと」

「航海がはじまった時に必要な技術を学ぶこと」

だけなのです。

そこには表現の目的がすっぽりと抜けおちています。

そのため、ぼくは美術大学で「いつになったら美術を教えてくれるのだろう」と疑問を持っていました。先生にうまくとりいるにはどうすればいいのかを話し続ける助手の雑談を自腹を切って飲むビールのさなかに聞くなんて、うんざりでした。

これからは欧米で評価された後のことも考えないといけません。

目的地を明確にしてルールに則った技術力で勝負を挑めば日本は欧米にも勝てますが、こちらが勝ちすぎるとルールは変化してゆくのです。

欧米では金銭絡みの交渉でルールが改変されることは日常茶飯事です。

レーシングやスポーツのレギュレーションが変わると常勝選手も勝てなくなるのですが、決まりごとがあるはずの文化でも、

「実はあれはすばらしくなかった」

というルールの改定が行われるであろうことも想像できるのです。

ルールを改変された時に「ずるいよ」と言うのではなくて「そうだよね」と言える準備を

整えていかないと日本人は欧米特有の社会に対抗できないでしょう。

熾烈《しれつ》な保護主義が欧米にはあるのです。

ビジネスで負けた途端に文化もへったくれもない弱肉強食の舞台が顔を出すわけです。

文化的なレベルとビジネス的なモデルを合体させて時には交渉もしなければ突破できないのです。

優れていても、外部である以上は欧米の芸術の世界の核心からは駆逐されかねないのだという危機感を持ち続けなければならないと思います。

文化は闘争の局面の一つだから、日本人は娯楽の頂点にいるアメリカに対抗するために歴史や芸術を武器にするべきです。

エゴに満ちた欧米の世界に挑戦するなら、日本の持つ潜在能力を生かすべきでしょう。

『スーパーフラット』

『ぬりえ』

『リトルボーイ』

三部作の展覧会で、ぼくは世界に通用する日本の文化的な武器を紹介しました。

「かわいさを重視する文化」そして「オタク文化」という文脈では日本は世界一なのだから、日本固有の得意技を磨いて論理化させて欧米に隙を見せないようにしなければなりません。

　これは、今後二十年先ぐらいまでの日本の文化を金銭的に発展させる上で大事になると思います。

　世界で競争がまだはじまっていない今のうちに、と思うのです。

　中国や台湾や韓国が競争相手になるのでしょうが、手塚治虫がアメリカをベースに作りあげたかわいらしさの法則はまだ独創的で元祖に近いから勝てると思うのです。

　日本の文化の中で独占状態にあるものはビジネスをもっと先鋭化しなければ、いずれアメリカの契約社会に飲みこまれてしまうのです。

　賢く得意技を権威づけていかなければ、知らないうちにアメリカがオタク文化の権威になってしまい、搾取《さくしゅ》されて何も残らないということも起こりかねません。

　今の日本の知的芸術的資源は「かわいい」と「オタク」なのですから、そのへんを更に発展させていかねばなりません。

　芸術の世界の権利などのやりとりはまさに闘争ですから、戦わなければやられるというのは目に見えているんです。

　今、ぼくが雇っているハリウッドの三十歳ぐらいの弁護士は、ものすごく強いんです。ばりばりに撃破していくという……どうやらニューヨークの弁護士は守りが上手で、ロサンゼルスの弁護士は攻めが上手というような持ち味があるみたいなのですが、ぼくが合うのはロサンゼルスの弁護士の方です。

ロサンゼルスの弁護士はたぶんニューヨーカーからすれば田舎者で品がないんだろうし、ニューヨーカーはジェントルにつきあっていくうちに勝ちを収めるみたいな技術があるのでしょうけど、ぼくはそんなのは待ちきれません。

「勝てるまでのライン引き」

「勝てない時の防衛ライン」

それを考えた上でのかけひきで、

「そこを勝ちたいならここは押しこまれる」

「あれを譲るのならここまでしか勝てない」

査定して勝っていく弁護士的な勝負が、文化の面でも起こりうるのです。

展覧会を成功させるには根まわしが要る

展覧会の成否のポイントは、ずばり現場でのプロデュース能力です。

キュレーターのアタマがいいことぐらいは当たり前です。大前提です。

美術史の文脈の中で「いいこと」をやるのは当たり前です。

そこから先、現場で作品がどう見えるのか、華のあるように見えるのかどうかが大きな問題なのです。

観客を含めた、参加している人間をすべて楽しませるかどうかが大事なのです。

二〇〇三年のヴェネツィア・ビエンナーレ。

文化そのものに影響力を持つこの展覧会のサブタイトルには「ラウシェンバーグからムラカミまで」とぼくの名前がつきました。

これは、パリのギャラリスト、エマニュエル・ペロタンがコーディネートしてくれたからこそうまくいったのでした。

当時の状況を話しましょう。

欧州のファッションブランド全体の営業成績が悪い中で、LVMH（モエ ヘネシー・ルイ・ヴィトングループ）だけが好調な売れゆきを記録していました。

LVMHの主力、ルイ・ヴィトンの売りあげの一〇パーセント以上が、ぼくとコラボレーションした企画「ムラカミ・モノグラム」でした。

そこに彼は眼をつけたのでしょう。

ヴェネツィア・ビエンナーレにルイ・ヴィトンがいつのまにかスポンサードしているのは、当時の潮流からいうと絶妙でした。

そこでぼくの個展をやることになる……。

これは、エマニュエルがその二年ほど前から、

「次のヴェネツィア・ビエンナーレのキュレーターはフランチェスコ・ボナーミだから、交渉しておくよ」

と言っていたことが効いているんです。

ボナーミとエマニュエルは「まぶだち」です。

ボナーミは、ぼくのアメリカ西海岸でのギャラリーのブラム・アンド・ポーとも親しい。

つまり「ラウシェンバーグからムラカミまで」というタイトルに至ったのは、エマニュエルの方で、ぼくがヴェネツィアで展覧会をやるべき文脈を作りあげてくれて、

「村上隆がピン立ちするような舞台」

を、綿密な準備の上で用意しておいてくれていたからなのです。

こういう「あわせ技」みたいな交渉が、美術の世界のオーガナイズにはかかせません。

エマニュエルのセッティングのおかげで、ぼくとヴェネツィア・ビエンナーレのキュレーターであるボナーミとは、ほとんど「電話での技術的な話しあい」と「開場オープン前の数分間の会話」で意思疎通は充分でした。

他のことはエマニュエルが仲立ちしてくれたのです。

ヴェネツィア・ビエンナーレに出る時のぼくの立ち位置は、ルイ・ヴィトンのお抱えアーティストのようになりました。

アート・サーキットにおいて、ファッションブランドのお抱えアーティストというイメージには、かなりのリスクがあります。

アーティストの社会的な立ち位置が「インディペンデント」というところにある欧米においてでさえも、こういう状況を受容して、なおかつアーティストとしての真価をプレゼンするというのがぼくの芸術の真骨頂ですから、望むところでしたけど。

ヴェネツィア・ビエンナーレがはじまると、ぼくは画商たちと一緒に顔見世興行をする芸者のようになりました。

毎日、朝から晩まで、ミーティング。

もちろんこのセッティングは画商たちがしてくれるのです。

あちらの財団、こちらのお金持ち、あの美術館……と連日、アテンドが続きました。

食事も、ほとんどが「ミーティングをしながら」というのが常でした。

ヴェネツィア・ビエンナーレというのは、こうしてまた数年間の仕事がいくつも決まってくるという戦いの場でもありました。

アメリカ東海岸、アメリカ西海岸、ヨーロッパ、日本。それぞれのテリトリーにはそれぞれの特色があります。

このヴェネツィア・ビエンナーレでは、アメリカでウケているぼくが欧州での仕事をやりやすくなるようなプロデュースを、してもらったのです。

ホテルの手配も作品の発送も、すべてギャラリーのスタッフによる尽力がありました。コストもかなりかけてくれました。

展示のスタッフも雇ってくれました。

順調に送金してくれる予算のおかげで新作も作れました。

現地で充分にやりとりをできるよう、わざわざ、イタリア人スタッフも雇ってくれた……プロモーションにおける権利問題なども、交渉相手の母国語に翻訳してもらえば、ややこしい話も円滑に進みますからね。

完璧なケアがあると、やはり展覧会はうまくいくのです。

権威は自分で作りあげなければならない

漫画やアニメは幼稚なものですが、世界における日本文化の優位性は、今はそこにあります。

だから今のうちに日本の漫画産業やアニメ産業に競争力がある理由を論理的に徹底的に構築してゆかなければならないのです。

あるアニメ雑誌の編集長は、

「アニメに批評はいらない。視聴者の夢を壊しちゃう」

と言いますが、正当な権威や評価が生まれないままではいつかアメリカのルールに搦《から》め捕られてしまうでしょう。

日本で力を持っている唯一の評価軸は、売りあげの数値とマーケティングです。

それが絶対という先入観はアメリカに敗戦した日本が抱えたトラウマに由来すると言えるかもしれません。

目に見えない強迫観念を最も有効に利用してきたのが日本の広告代理店であり、ある意味では、日本の広告は戦後の日本の権威消失に寄与した本尊になっています。

日本の戦後の文化は「国家」の中心の基盤が抜きとられているところがあります。

明治維新には、国家という基盤があったからこそ日本画も洋画も生まれたのだろうし、芸術は歪みながらも前進できた時期がありました。

戦後の日本は国家の基盤自体を紛失したために、戦争をするしないも含めて「国家」が考えるということを、うまくできませんでした。

その状況こそが、実は日本の平和のなりたちであり実態でもあると思うんです。「国家」を取りあげたらふぬけた世界観が蔓延したという実例が日本で、そういう世界の芸術はアニメや漫画という卑近なところに出現することになるのです。

つまり日本人の敗戦後の「基盤を抜きとられた世界観」は、今後世界中で共感を受ける文化としてひろがるのではないでしょうか。まさにこちらの芸術理論の構築も待たれるところなのです。

日本が自前で権威を作るためには「多数が認める」「歴史がある」などという価値基準に照らしあわせる客観的な普遍性が必要なのです。そろそろ日本人も自分の持つ長所を全力で権威づけなければならないのではないでしょうか。

日本人が欧米の芸術の世界の中核で新しいゲームのルールを提案してウケていようとも日本の批評家たちは興味がないようです。

ぼくが「GEISAI」というアートイベントをやっているのは客観的な権威作りを意識しているからなのです。

アートシーンのない日本において、いちばん大衆に近い階層から新しいゲームのルールを作っていこうと考えました。

新しい形のアーティストの輩出や、ギャラリーを介在させない形でのお客さんの開拓はできないものだろうか、と。

イベントの雛形《ひながた》は日本のオタクの祝祭である「コミケ」や「ワンダーフェスティバル」のスタイルに学びました。アマチュアたちが集まる独自の市場に数百万人のお客さんが育っているのだから、芸術に置き換えてみたらどうなるのかという挑戦を続けているのですね。

ただ、「GEISAI」はアメリカに輸出し直さないと、何も歴史化されないのではないかとも思います。

日本の中の共通認識に到達しているのに歴史化されなかった試みはたくさんありましたから。

客観的に歴史化してくれるということこそが芸術には重要なことなのです。

芸術というのはそういう意味では自分の力だけで作るものではありません。美術の文脈や歴史とつながりながら作られるものが芸術なのですから。

今となっては、日本の一般の人たちには、美術の価値基準はわかりにくいものになっています。世間の興味からもハズれていて、話題になるのは海外の芸術家の展覧会のみです。

ぼくは九〇年代にデビューしましたけど、その時期アーティストがどう見られていたかというと……。

「あ、君、好きなことやってんだ？」

尊敬の対象ではなく、趣味と同列に扱われていました。

しかし日本の美術の学生の裾野は広いのですから世界で活躍する可能性があります。

大学、専門学校、予備校を入れれば、毎年何十万人もの美術学生が新しく生まれている国……人口比で言えば世界一の美術国じゃないか!?

だから、世界に通用すると思うんです。

アートの競争時代に今から備えておけば、日本が頭ひとつ抜ける状況も起こりえるのだと思います。

これまでの日本は、芸術の分野において、諸外国の作りだしてきた権威に頼るしか価値体系を構築できずにいました。

国をあげて世界に通用する自前の権威を創造するのではなく、権威を借り受けたり依存することしかできませんでした。

写楽や北斎は生前には日本の消費文化を担っていましたが、いつしか欧米人から「芸術」と認められてゆきました。ぼくの評価にしても欧米が認めたからこそあるわけで、日本人が自前で評価基準を作れないものかなぁとがっかりもします。

日本はこうして権威への渇望感に比例して高級ブランドの権威を消費する大国になってしまっていました。

今はそれを打ち破るチャンスなのです。

日本は世界でいちばんと言えるほど絵が大好きな国ではないでしょうか。

漫画家やアニメーターやイラストレーターなど絵を生業とする人の比率はかなり高いですし、漫画は学校の教科書にまでふんだんに使われているし、漫画家の展覧会も美術館で行われています。ヨーロッパから高額の名画を借りて展覧会を開き続けています。

つまり、日本人は本質的に絵を見たり描いたりするのがとても好きなのです。

日本人の造形美への執着は、アジア諸国でも中国などとは別の文脈で特殊で深いものがあります。日本的な感性が際立つものの一つに「かわいいキャラクター」の創造があります。キティちゃん、たれぱんだ、ポケモン……かわいいキャラクターたちは毎日のように誕生し、アニメにゲームに広告にイベントアイコンに、と次々と世の中に送りだされています。

「ディズニーに影響を受けた手塚治虫さんが開花させた漫画や業界の発展」と、「戦後にアメリカから大量に流れこんできた企業のイメージキャラクターの流布」が、かわいいものを慈しむ基盤を作ったのでしょう。

そういう日本のキャラクター産業は、今や世界的に突出した才能を発揮しはじめています。

変幻自在の発想力は日本人には空気を吸って吐くようなものだから、自分たちではその芸術的価値をまだ理解していないようにも思えるのです。

ぼくたち日本人は自分たちの作りだしたキャラクターを過小評価しているのかもしれません。

ビジネスで金銭を生む資源として、独自で特異な芸術として、キャラクターたちの真価を輝かせることに国も力を入れてほしいものです。

日本人にはのんびり好きな作品を作っていられれば満足という面がありますから、権利をいちいち細かく主張することを潔しとしていませんけど、芸術大国イタリアは「イタリアの芸術を国外に巡業させるだけで国が五十年も動くだけの稼ぎをあげる」とよく言われています。

芸術には、荘厳で敬虔《けいけん》なものだけでなく、かわいくほほえんで楽しむものもあるはずです。

世界最高品質の日本のキャラクターの権利を守っていくことは、これからの芸術大国日本を未来に向けて作っていくことになるのだと思うのです。

第四章　才能を限界まで引きだす方法

作品が歴史に残るかどうかが問題である

ぼくは宮崎駿《はやお》さんを目指してものを作ってきました。高校生の頃から彼こそが天才だと思っていたのですが、知れば知るほど宮崎さんは努力型の人物なのだとわかるようになりました。手塚治虫さんのような天才とは才能の質がまるで違うのだと実感しています。

もちろん手塚治虫さんもディズニーの影響を受けてサンプリングを加えた人ではありますが、日本の漫画の文脈そのものの創始者ですから。そのスケールが違う。

宮崎さんの生みだした作品はそういう種類のものではありません。

しかし、宮崎さんを努力の人と知るにつれて、尊敬の念が更に増しました。

天才でなくても人は人をおもしろがらせたり興奮させることができるのだし、才能がなくても作品を作ることができる。

凡才とあきらめざるをえないぼくのような人にも誰かに自由や幻想を与えられる可能性が残っているのだという希望をもらったのです。

いい作品を一つ作れば歴史に残ります。

逆に言えば、いい作品を一つも作れない表現者は歴史に残ることなく死んでいくしかないわけです。

宮崎駿さんが尊敬していると言っていた黒澤明さんは晩年にはヨボヨボになって死んでゆきましたが、それでも黒澤作品はちゃんと歴史に残っているわけです。

作品には、一人の人間の考えのほとんどを封じこめることができます。

その意味では作品は未来に託す最高のタイムカプセルでしょう。

ある世界観の重要性を主張し続けられる媒体なのですね。

人は死ぬ。

ものもなくなる。

しかし作品は生き残るかもしれません。

人類の考えの痕跡を残すものが表現です。

ニーチェの言葉も、死んで百年以上経った今も、読んで参考にできたりするわけです。含蓄のある考えでなければ、未来には残らない。

芸術家の生き方が理解されるにはかなり長い時間がかかります。

ゴッホは評価されていますが、それは「本人がいなくなったあとの文脈」を評価されていると言えるのかもしれません。

本人が死んだなら、残された人たちは個人の歴史を自由自在に操ることができます。そういう意味でゴッホは自由度が高かった……あれほどのゴッホ神話ができあがった原因はそこにあるのではないかとぼくは思うんです。

マルセル・デュシャンにしても、チェスで生計を立てたりすることで、自分の真意をわからせるまでの長い時間かせぎをしていたわけです。その上、「わたしが死んでから三十年間は発表してはいけない」という作品を残してまさにタイムカプセルとしての作品作りの実験に死後に成功したからこそ、評価されているんです。

死後にしか評価されない価値を、生前にひきよせるために金銭の力を使ったのが、ジェフ・クーンズをはじめ、八〇年代以降にデビューしたアーティストなのだとぼくは捉えています。

その方針を、ぼくは自分でも実行しようとしているんです。

ただし、それでも芸術は基本的には死んでからが勝負だと思います。

イサム・ノグチの評価は二十年後にも生きているでしょうか。

パブロ・ピカソの評価はそろそろヤバくなってきていないでしょうか。

ウォーホールは、ぼくより上の年代のアーティストが崇拝するような存在でしたが、今の若い芸術家にはあまり尊敬されていないかもしれません。

アーティストの賞味期限は、こうしている間にも、どんどん終わりが見えてきています。

もちろん賞味期限が何世紀にもわたって続く人もいて、千差万別です。

ウォーホールには「死後三十年にわたり日記やノートをひもといてゆく美術館」ができていますが、その活動も彼の賞味期限を三十年間延ばしただけのものかもしれません。

芸術の世界では、そんな死後の世界の価値を作りあげることこそが、かなり重要視されているのです。

芸術家は自由な存在と思われがちですがそれは錯覚です。

芸術家の自由はほとんど死後に限定されています。

「死んだ芸術家のシナリオを後世の人が自由に書き直せる」という意味でのみ芸術家は自由であるとさえ言えそうなのです。

芸術家はしがらみから解放されているようでも現実の制約にがんじがらめになっている存在です。「ミケランジェロも日本の狩野派も権力の中枢にくみしていたから制作に没頭できた」というような事実は芸術家の生涯では見おとされがちなものですが、非常に重要なのです。

芸術家に自由があるとすれば、それはほとんど一瞬で消えてしまう種類のものですし、自由が実現するにしても、おそらくほとんど芸術家本人が死んだ後のことなのでしょう。

まぁ、こういう現実は生身の芸術家は理解したくないことではあるし、ぼくも半分は理解したくないことなのですけど……だからこそ既に認められた宮崎駿さんがうらやましくなったりします。

芸術家は死後の世界に挑みます。

死後にも注目や尊敬を獲得できるかどうかでマエストロになれるかどうかが判明します。

その意味で芸術家は死後の世界を準備しなければならないのです。

死後の世界が準備されていたかどうかはすぐにわかります。

ロイ・リキテンシュタインには、死後の世界は準備されていなかったかもしれない。

リキテンシュタインの価値はまだ高いのですが、何年後かには消費され終わってしまうのかもしれません。

ウォーホールは、生前、リキテンシュタインほどは評価されていなかったけれども、評価されていなかったがゆえに、ゴッホと同様に、価値がどんどんあがってゆくとも言えます。

ウォーホールの作品は、感動も呼ばないし、インテリジェンスもありません。むしろ感動を呼ばないように細心の注意を払っていたりする……しかし一方でリキテンシュタインはインテリだし作品のクオリティも高いし生前に評価されたわけです。

ところが死後になると、美術の世界のルールを変えたウォーホールの人気こそがうなぎのぼりなのです。

そんなふうに、欧米の芸術の世界では、ルールとの関係性における「挑戦の痕跡」こそが重んじられるというリアリティがあるのです。欧米におけるアートはルールのあるゲームです。芸術家は巧妙なからくりを作る張本人ですが、芸術家が死ぬと、人生のすべての文脈が見えてくるわけです。

ウォーホールの場合は、ふりかえってみればいいかげんな人生を送りましたが、尊敬されたいがために芸術にすりよった流れや工夫の数々が、死後になるとはっきりと見えてきました。ある意味戦勝国アメリカを背景にしているからこそできる反骨的「ロックンロール」なライフスタイルなんです。

ウォーホールが作った文脈を理解する環境は、彼が死んだ後だからこそ更にできあがり、それで尊敬されるということにつながっていったというわけです。

徹夜なんて、努力のうちに入りません

天才ではない凡人は、成長するための時間を欲しがるものです。

ぼくもそうです。

でも、いくら時間をもらっても、天才に立ち向かう凡人はあっさり腕を斬《き》り落とされて一巻の終わり。

天才どうしが戦いをくりひろげている頂上決戦の中で、凡人は斬り捨てられていくというのが弱肉強食の世界のルールなのです。

みんな、天才になりたがります。天才がいないかどうかを探し求めます。

だけど、天才って、そうそういないから天才なんですからね。

美術史に残る芸術家の中にも、天才と呼ぶことができる人物はごくわずかです。

サボテンのコレクションをしていても、なかなか、いいものや珍しいものというのは出てきません。そういう意味では「サボテンの天才」もなかなかいません。

その理由は、「形の珍しいサボテンは生き残らないから」です。

サボテン・コレクターの世界では、いいものに出会えるということ自体が幸運なのだとされています。

きっと他の世界の人材にも言えることだと思います。

どの世界でも、ほんのごくわずかの天才の数より、天才を求める人の数の方が多い。

美術作品の価格が高騰してゆく過程はそれに比例するのです。

「いい作品の点数」より「コレクターの数」の方が多ければ、オークションでは価格がはねあがるわけです。価格の高騰は更にコレクターの欲望に拍車をかけてゆきます。天才の作品が欲しくて欲しくてたまらなくなる……。

ひとにぎりの天才がいる。

多数派の凡人が少数派の天才に挑戦する。凡人は腕を斬り落とされてゆく。

そんな構図のある芸術の世界でものを作り続けるということは、凡人には実際には地獄のようなものでもあるのです。

こんなにイヤな目に遭うと知っていたら最初から芸術の世界に入らなかっただろうなぁと思うであろうことを、ぼくはこれまでずいぶん経験してきました。

途中まで芸術の志を共にしていたはずなのに、地獄が見えた途端に逃げてゆく人物の背中も、見てきました。

「世界に挑戦しようと言いあっていたはずなのに、おまえも本当はモラトリアムの世界に浸っていたいだけだったのか！」

そういう発見もよくあります。

「俺、このトシで徹夜しちゃったんだよなぁ。ムラカミ、おまえ、今、徹夜できるか？」

……はぁ？

徹夜をするかしないかなんて、美術の地獄の世界を生き抜くつらさに比べれば、つらさの判断基準にもなりません。

「芸術のビジネスの世界でタフな戦争をし続けることから、この人は、逃げているんだ。

一夜の徹夜の陶酔と興奮で酔えるヤツだったのか。徹夜したことでほめられたいのか。そんな学生気分の徹夜の方が、世界と渡りあうことよりも、優先順位が高かったのか」志も夢も違っていたのかなと、ぼくは残念に思うのです。

同じものを見てきていたはずなのに、同じものではなかったのかということはよくありません。

徹夜をすることは「地獄っぽく」は見えるのかもしれませんけど、地獄でも何でもありませんよね。

芸術における地獄というのは、もっとこう、寝ても覚めても出口も入口もないねじれた空間なわけで……そういう芸術の矛盾を抱える苦しさを見ようとしないで「一生懸命」という幻想の中になぐさめを見いだしている場合ではないでしょう。

表現の世界では、みんなが、実現不可能なことに夢をはせては挑戦を続けています。

アイルトン・セナが、超えられない時間の壁に突入していくような種類の挑戦です。

ぎりぎりまでやらないと、ものが見えてこない世界。

集中力と体力がきれたら、すぐに死ぬしかない世界。

でも、この世界に入った以上、みんなが望んでいるものはその「実現不可能なもの」なのだから、何でそこに突っこんでいかないんだよと思うんです。

不可能に挑戦してきた、満身創痍《そうい》の先人たちを見てきました。

手塚治虫さんは、きっと「何か」を見たんだと思います。

歴史に名が残るかどうかよりも、その「何か」が見えたかどうかが気になるのですね。

ぼくはその「何か」を見たいと願い続けてきました。

そのためならぼくは、地獄を見てもいいと思いました。

「日本がアメリカに負けるのは当たり前だ」

父親からそう聞かされて育ったために、苦しそうなアメリカにも飛びこんでみました。

ただ、地獄を見たい人なんて、本当はほとんどいないんじゃないかとも感じるんです。

いざとなると、みんなすぐ逃げていきますし、ぼくだってツラくてツラくて時々逃げだしたくなりますから。そういう因果な世界なんですものね。

宮崎駿さんが四十代の頃というのは、後から思えばまだまだこれから大活躍というはずだったのに、ぼくにはもう本当にキズだらけに見えていました。

「この人は今がピークかもしれないから、見ておかなければ！」

そう思わせるだけのものがありました。

手塚治虫さんもいつも満身創痍でした。

おそらく、長い間、孤独な挑戦を続けてきた二人なんだと思います。

そういう先人の歩みを尊敬しています。

表現の世界の地獄は、前に進むほかに道はありません。足を突っこんでいながら「アチチチ」とすぐ足を抜くような姿勢は意味がありません。入ったのならば、先に進んでいかなければならないのです。

地獄の釜に、どっぷり首まで浸かって茹《ゆ》であがんなきゃ！

真っ赤っ赤になるまで茹であがりきらなければ、これまでの日本人がまだ体験したことのない領域になんて行けるはずがありません。

だからまぁ、そんなにもツライのですから、芸術の世界というのは、みんなが行きたくなる場所とはまた違うものなのかもしれませんね。

現役でちゃんと茹であがっている日本人芸術家は、数は少ないけどいるんです。

杉本博司さんとかは、ちゃんとアメリカの世界で茹であがるまでやっています。

茹であがることって、切ないことでもあるのですけどね。行動の可能性を狭めて、一つのことに賭けることでもありますから。

でも、茹であがることでしか見えないことは、確実にあるのです。茹であがらなければ見えてこないものは、例えば、欧米と日本の抜本的な格差、価値観の違い、未来を作る方針、世界の価値基準……いずれにしても、芸術の世界で生きることを決めたのなら、真っ赤っ赤になるしかないのではないかという気はするんです。

そうは言っても、ぼく自身もアメリカ的な満身創痍の人をずっと見ていたいとは思いません。日本の中だけで小さくやっている表現者も好きだし、楽しそうで微妙にうらやましかったりもします。

欧米の芸術の世界に挑戦するなんていうのは、そのほとんどが負け戦でしょう。日本人が西洋の社会に立ち向かって敗れ去る姿なんて、みんなが見たいもののはずはありませんからね。

ただ、日本国内で活動していて、

「自分はこんなにもできる」

とものすごい発言をしているのに国内に留まっている人には、

「なぜ、海外に行かない？」

と考えないこともないのですけど。

芸術家の成長には、怒りが不可欠である

ぼくは「芸術は誰でも作れるもの」と思ってきましたが、表現を続けられるかどうかはも

しかしたら「怒りがあるかどうか」が関係しているのかもしれない、と感じています。

ぼくは何でこんなに闘犬のように怒り続けているのだろう？

理由は本当に自分でもよくわかりませんが、ずうっと怒り続けていることは確かです。

自分への怒りも、周囲への怒りも、世間への怒りも常に溢れるほど出てくるんですね。

成功したいという情熱よりも、今のままではイヤだという不満がぼくを動かしている。

論理で説明できないけど「怒り」こそが表現を続けるのに必要ではないかと思うんです。

宮崎駿さんはいつも機嫌の悪そうな「怒り」の人ですよね。鳥山明さんは作品を見るかぎりはそういうタイプではありません。そこには歴然とした違いがあります。

「怒り」がないと、希望をきれいに成就させて表現を終えてゆけるんです。

鳥山明さんも『ドラゴンボール』の後はどんどん角のない絵を描くようになりました。本当に「祈り」のような絵ですから、そこから鳥山さん本人の不満や怒りを感じることはほとんどありません。鳥山さんが現在は短編のみの発表で満足されているのもある意味では当然だと思います。

しかし、宮崎駿さんの作品や発言からは、いつも、宮崎さん本人の不満や怒りが溢れだしているのですよね。

怒りはぼくを動かしています。

不満なのです。

表現しきれていない不完全な感じがいつもあるのですが、最近はそういう感触が大事なのかもしれないと思うようになりました。

ベートーベンは、耳が聞こえなくなりました。

ゴッホは、絵が売れずにおかしくなりました。

どちらも本人の主観ではずっと不幸だろうし、そんなに何かが達成できたなんて思っていないはずで、だからこそ作品を作り続けることができたわけです。

最近、ぼくはそういう怒りや不満から出てくるものが気になっているんです。

ぼくが育てれば、若手アーティストは絶対にそこそこ以上には行くと思っていますし、実際にみんなそこそこ以上に行きました。

作品もばんばん売れています。

儲けています。

数年前のぼくの収入と同じだけの稼ぎを得ているアーティストもいるという状況の中にいるわけですが、「そこから先」が問題なのです。

怒りがない人を無理にひきあげることはなかなかできないんです。

テレビを見ていると、経営者も、怒りがあるかどうか、はっきり分かれていますよね。

るんですけど。

まぁ、最近は、ぼくの怒りにうちの会社の人間もついてこれなくなっちゃったところがあ

「村上さんは私がこの会社に入った時に言っていたことをもうすべて達成していますよ。あとは計画していた美術館設立に向けて、ゆっくりやっていけばいいじゃないですか」

違うんです。

足りません。

村上隆って、客観的に見るとどれだけ不充分なのか、ぼくにはわかる。

「村上隆というヤツはもっとブランドをあげてやらないとだめなんだ!」

そう言いたくなるんです。

どんなにバージョンアップしたところで満足できるはずがないとはわかっていますけど、こういう「満足できない業の深さ」って、何でしょうかね。

「若いこと、貧乏であること、無名であることは、創造的な仕事をする三つの条件だ、と言ったのは毛沢東です」

宮崎駿さんはよくこう言いますけど、本当にそうですよね。

貧乏だからできたということはありましたから。

三十六歳でコンビニの裏で弁当をもらうというのはやはりかなりのガッツが要りました

……三十六歳にもなれば、一般的な生活をしている人がほとんどだったから。

ぼくはハングリーそのものの生活をしてきましたが、そういうところからガッツは出てくるのかもしれません。

だから苦楽を共にしていたはずの後輩が中途半端にお金に足をすくわれているのを見ると苛立《いらだ》つのです。

ちょっとお金が入ると、スポーツカーを改造したりして……。

「何で遅刻したの？」

「いやぁ、クルマで事故りました」

もう雨の日も雪の日もバイクで通勤しやがれ、と思います。

宮崎駿さんがバイクで事故を起こしたアニメーターに厳しくなるのも、わかるんです。

「忙しい時に事故を起こすなんて逃げとしか思えない！　許せない！　責任放棄か！」

一般社会からすれば宮崎さんの方が悪く見えるようなセリフにも、

「目的がわかってないからそういうことになるんだ、と言いたいんですよね」

と、ぼくはうなずきたくなるのです。

「作品のために何でもする」という正義があるかどうかで、結果は変わると思うのです。

怒りや執念や「これだけはしたくない」という反発は、重要なのではないでしょうか。

そういう意味でぼくは団塊の世代はあんまり好きにはなれないんですね。若い頃に勝手にマスターベーション的に怒りを発散させて、出すだけ出したらボーッとしているみたいな姿が、気に食わないんです。

「怒りのない世界も、いいよねぇ」

理想はどこにいったんだ？

死ぬまで求めるはずだろ？

何で途中で投げだすんだ？

「まぁ、いいじゃない」

根拠のない怒りは、おそらく、表現をする人は、持ち続けた方がいいものでしょう。怒りを機会に自分の解決するべき局面をどんどん作っていって自分を前に進ませている、というのがぼくの方法です。

それならアイデアを出さざるをえない状況に追いこまれますからね。

はじめての題材にこそ、うまみがある

絵を集中して見るとレイアウトや筆致から「その人の頭の構造」が見えてくるんです。

意図するものも、意図せぬものも、痕跡の形からわかる。これは訓練で身につきます。名画と言われている作品は、訓練した人の見る力に応えてくれるところがあるんです。日本刀の名作を、見る人が見れば「これは人を斬ってきたものだね」とわかるように。最近はそういう「見る目」が取り沙汰されなくなりましたが、それは、いいものを見る機会が減ったからかもしれません。「見る目」は訓練すればするほど伸びるのですけど。

訓練の方法は、例えばこうです。

絵を見せますよね。

「キリスト教の思想の中でこういう意味づけがある」

絵を読むためのルールをまずは勉強させるのです。

ルールを習得する途中に大量の絵を見ると、自分の好きな絵がわかってくるわけです。

ここで好きな画家の傾向を文章でまとめさせます。

好きな絵から何が見えてきたかを書きださせます。

「このへんは削った方がいいね。もう一回、八〇〇字で書いてみて」

すると、だんだん書くことがなくなってゆきます。

書くためのネタが要るから歴史を調べたりすると、絵が前と違って見えてくる。

だんだん、筆の痕跡から、芸術家本人の心に肉薄してゆけるようになるのです。

葉が枯れてゆくのを見るように、人の筆や顔から自然が見えてきたりもします。いろいろなものが見えた後には、大抵、みんなマチスの絵が好きになるのです。体と心が一体になって自由になっているのがマチスです。彼の絵筆はいいも悪いも受けとめて水みたいなアートになっていて純粋なのです。

若い頃はピカソを好きになっても、だんだん「肩ヒジはらなくてもいいじゃないか」と思えてきてしまう……絵を見る訓練にはそういう変化の楽しみがあるのです。

ピカソとマチスを比較すると、明らかにマチスの方が自由だと思います。

マチスの最高傑作というのは、デザインでもペインティングでもない、死に損ないなほど老人になってからできた切り絵のようなものです。年齢も関係のない作品。完成度がにぶるもにぶらないも関係のない作品。まさに自由そのものなんです。

一方、ピカソは「若描きの方がよかったね！」とみんなが言います。そういう「腕力で絵を描く」というタイプなんです。腕力と知力で描いた絵ですから、それは自由というよりはやはり人間の限界を謳《うた》っています。

もちろん、そうであるがゆえにピカソはおもしろいんですけど。

悲壮感のある映画ってありますけど、ピカソはそういう味なのです。

力がありあまっている人間の人生のすべての変遷を作品から見られるから、悲壮感も含めて愛おしく理解するというか。

そういうピカソは、肉食の西洋人にこそおもしろいメディアであり続けているということなのかもしれません。

ピカソの感覚というのは本当は日本人にはほとんどわからないんじゃないのかなぁとも思います。絶対にわからないものとしての代名詞が「ピカソ」ですもんね。

マチスはわかるとかわからないとかいう境界さえも超えています。

マチスを知っているかどうかはさておき、日本人でも「これ、好き」とちゃんと言える何かがあるんです。

世界のデザインでも日本のデザインでも、本人が自覚しているかどうかは別にしても、マチスを真似しているものがものすごく多いんですよね。

つまりマチスは、芸術家はいかに自由になってゆくかというプロセスを具現化しているんです。

マチスは死ぬまぎわに、どこかの教会で聖堂をデザインしているのですが、単純な色彩のものです。

教会に行くと、人というのは、懺悔《ざんげ》をしたり、祈ったり、今の世の中に関係のある俗なもの以外のことに想像力を飛ばすことで自由を獲得するわけですけど、そこでマチスが年齢も何も関係のない子供が認識するような単純な色彩を展開するというのは、もう自由そのものという感じがありますけどね。

絵を見る訓練、絵を描く訓練を経ると、だんだん文字も文面も絵に見えてくるのです。メールの文字面さえ絵に見えてきます。

字の背後の精神状態はとてもよくわかりますが、これはものを描く基本的な訓練を続けてきたからこそ身についた能力かもしれませんね。最低限の時間はかかる訓練なのですけど。

絵を描く訓練は「目の前にあるものを残す方法」を教えてくれます。

自分の中にスキャナーができあがるわけです。

ものを見たら手元に残像を残すことができる。

ぼくは残像側から作家の精神状態を読みとることがものすごく得意です。

だから、作家が乗っている時とだめな時の差が、とてもよくわかります。

だめな時というのは「絵のテーマがわからなくなっている」のですよね。

「何枚しあげなければいけないから、前に使ったあの発想を持ってこよう」

単純に言えば、ルーティンに陥る作品はだめになる、ということです。

こなれてくるとすぐにおもしろくなくなるんです。ぼくもそうですもの。

海外の展覧会のツアーも、最初の地のオープニングはどうなるか読めないから目茶苦茶に盛りあがるんです。

だけどそのうち若干のリニューアルはするけど「基本的には作品を右から左に動かすだけ」になると退屈になりはじめます。

反応も成果もわからないまま最初にとりあえず球を投げてしまう初期衝動の快感はものすごく大きいんだけど、球の届く範囲を知ってしまえば、よろこびも興奮も半減してしまうと言いますか。

ロリコンの世界観を描くアーティストなら、何万円も出して買ったロリコンのＤＶＤ映像を目にした直後に描いた一本の線には、不思議に、衝撃も感動も生々しさも宿っているんです。

「はじめて」の精神状態にあるかどうかで、明らかに、描く線が変わってきます。

だからこそ、自分の会社に所属しているアーティストがそういう「はじめての感覚」を忘れてクルマの改造なんかにかまけていると怒りが湧いてくるんです。クルマの改造に命を賭けているなら別にいいんですけど、中途半端な趣味なんて要りません。

それから、たいていは、おもねった瞬間にだめになりますよね。

時代とか近親者の意見とかにおもねると、それは作品から見えてきちゃうんです。

奥さんに「お金を何とかして」と言われている感じとか。

アーティストにはそういう状況はよくあるんでしょうが、周囲におもねった瞬間から、作品は鮮度が落ちるんです。だから料理と似ていますよね。

鮮度がとても大事なんです。

確信犯でおもねるのなら「腐る直前に食べる料理」というガッツで作りあげればいいのですが、だいたいはそこまでの覚悟がないから中途半端なものを出してしまうわけです。

挫折を越えられるかどうか、の分岐点

ぼくは、うちの会社のアーティストに試練を与えていきます。

挫折《ざせつ》も与えていきます。

具体的には、

「だめなところを指摘する文章を構築してメールを送る」

ということです。

うちのアーティストたちは、みんなけっこう成功しています。お金も入ってきている。

「銀行にものすごいお金が貯まっていました」

「そう？　よかったねぇ」

そう話しているうちに、基本を忘れていることがすぐわかる。

ぼくが「作品のだめな部分」をいじくる文章をメールで送ると、アーティストはまちがいなくやる気がなくなります。

やる気がなくなった時に、いい仕事――やりがいのある案件を持っていく。

いい話なんです。すると、やらざるをえないでしょう？

その時に、改めて、アーティストは、「自分はなぜ描くか」を探しはじめるんです。

ぼくはアーティストたちにウソは言いません。メールでは事実を重ねてゆくんです。

売りあげがあがっていなければ、売りあげがあがっていない、とか。

最近の作品はこれとこれが売れていなくて、よくないものだけが売れ残っているよね、とか。

「あなたは今までやりたいようにやってきましたが、とうとう限界が見えてきました。

個人でブランディングができなくなっています。

今の売りあげの低迷は一時的なものですけど、それはもしかしたらそのままあなたの将来の評価を予言するものになるかもしれません。

今は海外のお金持ちに作品が売れていてすごいアーティストだけど、このままでは五年後はわかりません。

個人だけでなくブランディングを固めてゆくべき時期だとぼくは思います。

そういうことが目の前に見えているのに、今までと変わらず好きにやるというのならば、まぁもちろん、自由にやっていってもいいんですけれども……」

そういうことを、もっと真綿にくるんだようなやわらかい言い方で伝えるんです。

生々しい感情のトゲはすべて抜いた上でメールの文面を構築して、送信します。

そして、ぼくの言いたいことはそれで充分に伝わります。

時にはアーティストに「よくなくなる時の典型的な過程」を論理的に証明したりもします。

「こうなる時がだめなんですけど、今はまさにその状態だね」とか。

論理的に証明しちゃうとますますドツボにハマります。何をしたらいいかわからなくなったりもする。

そこでまた、崖《がけ》から落とすような新事実を伝えるんです。

耐えられなくなって這《は》いあがろうとするアーティストを、もう一回、蹴り落とします。立ちあがれなくなるほどに……。

この育て方がいいかはわかりませんけどね。

芸術に正解はありませんし、多かれ少なかれどの工房も実験場ですから。

でも、ぼくは、これがいいと信じています。

ぼくはかつて国内や海外のギャラリストにそういう指導をされてありがたかったんだけど「もっと濃い劇薬を注いでいる」という意識でアーティストには接しているんですね。

若い頃にわけのわからないまま制作に打ちこんできたぼくは成長するのに時間がかかりましたが、うちのアーティストたちは、今のところ、ぼくほどの時間をかけずに、すごいところまで辿りついてきているんです。

ただし、劇薬だから、いつかアーティストは本当に壊れてしまうかもしれませんけど。

サボテンのよしあしは、遺伝子が左右しています。

メダカもそうです。

例えばダルマメダカという奇形を作るためには、そのための遺伝子に加えて環境のショックをあたえてやらなければいけません。

水温を二十八度以上にあげ続けなければダルマメダカはできないんですね。ダルマメダカを才能と呼ぶのならば、人間の天才を作りあげるにも、遺伝子だけでなく「それ相応の環境」がいるのかもしれません。「水温を二十八度以上にあげる」は例えば「貧乏する」ということかもしれなかったり……。

ぼくがアーティストの英才教育をする時にまっさきに教えたいことは「挫折」です。

挫折というショックを与える必要はあると思います。

現時点でほめられている人にも、ある日、突然、何もほめられなくなる時がくるのですから。

イヤなことを言われて心がズタズタに傷つく時はかならず来るんです。そこでみんなが挫折を味わう。

だけどそこからもう一度戻ってこられるかどうかが勝負なんですよね。

傷ついたとしても、絵を嫌いにならないで、自分でもう一度絵を描こうと思えるところまでいけるか。それとも何も生みだせなくなってしまうか。絵を続けるための動機は、絵をはじめた時の動機よりも、ずっと大事なことなんだと思います。

どんな表現の分野でも、そういう局面は来ますよね。

ミュージシャンがデビューする。

うまくいっている。

マネージャーもこきつかうし、自分は世界の中心だみたいに思っている。

だけど、ある瞬間に、いきなり売れなくなる……。

しかもこれは、誰もがそうなんです。自然の摂理。

ローリング・ストーンズでも、サザンオールスターズでも、誰でもいいですけど、みんな同じように、どこかの地点で売れなくなるわけですよね。

売れなくなるのは誰にも当然の、予測しうることなのです。

そこに行くところまでは、みんな同じ条件で……だけど、そこからです。這いあがることができる人とできない人の違いはかならずありますから。

自分が作品表現をしている理由。

自分がビジネスをしている理由。

それを、もう一回見つめ直し、スタッフを含めて環境作りをやり直して、ものを作り続ける体制を組み替えてゆくことができるかどうか。そういうことのできる表現者は、ものを作る寿命が長くなるのです。

芸術の仕事以外にもこういう分岐点はあると思うんです。

勝負をしている寿司屋さん、勝負をしていない寿司屋さん、勝負をしすぎの寿司屋さん……損をしてもいいものを出さなければいけない時もあれば、お客さんが来なくても寿司をしこまなければいけない時もあるわけですよね。

「自分は寿司が好き」

「寿司に自分の人生を賭けた理由がある」

そういう中で結果を出しているなら、つらかろうが何だろうが「うまい寿司を出す」という焦点に自分を持っていけるのではないかと思うんです。

「女房がうるさいから」

「子供も、高校生だし」

というところでやっているなら回転寿司や出前寿司みたいなものにならざるをえないというか。まぁ、ぼくは、ふんばっている人の生き方を見たいんだと思います。分野は違っていても何かに賭けている生き方を見たいのですね。

ローリング・ストーンズがあれだけバラバラにならずに活動しているのには理由があるはずです。作品のコラボレーションで「ゆず」さんと関わっていても、やはりプロデューサーの方が「環境作り」にとても熱心で、アーティストへのナビゲーションを微妙に丁寧にされていました。才能をすくすく伸ばすためのプロデュースができていると感じました。そこがとても重要なんです。

「光を見る瞬間」をどう作るか!?

ぼくは、芸術の世界では、残念ながら「すくすく育ててやること」はできないと思っています。娯楽中毒になっている現代の人たちが、アートのお客さんなのですから。

これは、精神危機でも何でも起こして、劇薬を浴びた上で自分自身の素直で純粋な部分を再発見していかなきゃだめだなという、ぼくの訓練の方法はそういうものなのですね。

今のところ、それで結果は出ているんです。

ついこのあいだにも出ました。うれしかったなぁ。「いいタイムが出た！」とよろこぶコーチの気持ちがわかります。「あぁ、鍛えておいてよかった！」と心から思えるから。

そういう時は、会社のみんなを呼ぶんです。

「ねぇ、この絵、どう思う？」

すごくリアクションがいい。

やっぱり心に、みんなも「いい作品」ということはすぐにわかるんです。

「あの時、蹴りを加えるようなことを言っといて、よかったなぁ」

「一人では、絶対に辿りつかなかった場所まで、来られたよなぁ」

ぼくは、そんな風によろこんでいます。この方針の正しさを五年後や十年後に実証してゆきたいのです。ある日、突然わかる時が来るはずです。美術の最先端に生き残っているアーティストのほとんどがうちのアーティストだと、誰もが気づく時が来てほしい……。

作品のテーマが見えなくなる時というのは、倦怠期《けんたい》に近いものかもしれません。

こなれてくると、ものはおもしろくなくなります。まぁ、大抵はそうですよね。

異性と結ばれるにしても、口説いている過程にはテーマが見えているわけです。

「口説き落としたい!」

強烈な望み。だから、かなうとものすごくうれしい。

芸術にはいつもその強烈さがないといけないんです。いつも決まった相手と「まぁ、今日はこんなことでもしようか」というような作品ではつまらないでしょう。

だから、うちのアーティストには、極力、制作の思考過程を「ゼロ」からやらせています。とは言っても一枚ずつ新しく考え直すのは難しいから、二十作品や三十作品の区切りですけど。

ゼロからものを考える時に、きっかけとなるのはどういうことかと言いますと……。

「最近どういう楽しいことがあったのか」

「最近どういう悲しいことがあったのか」

そういうことに尽きます。ごく単純なことです。

何かを感じるに至るまでには過去から培われた根拠があるはずです。

表現者なら「楽しさを感じた理由」「悲しさを感じた理由」まで遡るべきです。アレをおもしろく思えたのは、二年前に見たあの映像がきっかけかもしれないとか。

おもしろさにも、イヤなことにも、かならず原因があるわけです。

感性の原点に辿りつけるように自分を導くと、わかる時が来ます。

「自分がおもしろいと思うものには、こういうしかけがあったんだ。そういうことかぁ」

すると、自分が何を描いたら、自分が好きなもの以上のものを作れるのだろうかということにまで思い至ります。そこで怠慢な心を起こさずに作品を作り続ければすごいはずなのです。

「自分にも、かつて自分が受けとった感動をオリジナルに作りだすことができるんだ！」

達成感を得ることができるのです。

行動の過程としては簡単に思えることかもしれませんが、こうしてゼロから考えるというのは、これは実際にやるとむずかしいことです。効率はものすごく悪いし……。

でも、今のところは、この方法で、うまくいっています。

このあいだ、青島千穂が描いた香港《ホンコン》の絵（「光る都市／City Glow」）は、そうやって生まれてきたものです。

あれは、ものすごくいい作品でした。

いじめて、いじめて、絵が描けなくなった時に「ごほうび」ではないんだけど「香港でトークショーをやりませんか」という仕事を持っていくんです。

そろそろ、息抜きさせようと思って、行かせたんですね。

その青島千穂の目で香港の町を見たら……そういう時に、心は、パカッと割れるんですね。いい作品。

そこには、ぼくも何も助言を加えていません。

それがいちばんいい作品ということは、見れば、本人も周囲もわかるじゃないですか。

芸術に携わる醍醐味はそういうところにありますよね。

まぁ、アーティストたちはそういう気持ちをそのうちまた忘れて怠惰な生活に戻るものだから、スポーツ選手のコーチがフォームやポジションをしつこく矯正するように直していくんでしょうけどね。ただ、うちのアーティストたちは、みんな、いい作品が新しくできるまでの潜伏期間がだんだん短くなってきていますから、ちゃんと鍛えられているとは思います。

そういう強化人間を作りあげることは日本人は得意だと思います。漫画家もそうです。人体実験のように人材をしめあげる。犠牲者も出る。何人かの漫画家で試した実験の成果を才能のあるヤツにくれてやる。この日本的手法は、巨大な才能を育てあげるためには相当有効なのだと思うんですよね。

ぎゅうぎゅうにしめあげていると、しめあげているだけあって、やっぱり最低でも一回は、光が見えるかのような瞬間がやってきます。これは経験上だいたいの人がそうです。

死ぬまで光が見えないよりは、苦しくてもつらくてもたまらなくても光を見た方が絶対にいいのだとぼくは思います。

　表現の世界に運命を賭けたんでしょう？

　まぶしい光を一回でも見たんだったら、もう他のものなんて何もいらないぐらい幸福なのではないでしょうか。

　だから、ぼくは、漫画家がおかしくなっても、ぼく自身変になってもぜんぜんかまわないと思います。

「かつてすばらしい作品を描いていたのに、アホみたいになっちゃった」

　これ、ぜんぜん、問題ありません。

　すばらしい作品を描いていた人は、すばらしい作品を描いていた瞬間に、それまでの人生では見たことのないような光が見えていたはずです。それだけで、もうすばらしいじゃないかと思うのです。

　もちろん、ある日いきなり、うちのアーティストたちが世の中から淘汰される日も来るのでしょう。その時にどうしようか、といつも思っています。

　鍛え方や考え方が時代に合わなくなるという瞬間は絶対にどの手法にもある。だからその時には謙虚に長いものに巻かれて、方法論をぜんぶベロッと作りかえようかなぁとか思っていますけど。

ます。

劣悪な環境は、芸術を生むのには最適

劣悪な社会こそが、芸術家には「いい環境」と言えるのかもしれません。

病んだ文化を苗床にして、その掃き溜めに鶴を呼ぶというようなものが芸術なのだと思います。

日本の音楽シーンが発展しているのは悪い時代のイギリスと同じ状況になっているからではないでしょうか。

経済はズタボロで外交は目茶苦茶で誰も政府のことを信じていない……イギリスもヤバくなるほど音楽がよくなりましたもんね。

日本の音楽が世界的にいいところにいっているなら日本がズタボロであることの証拠になるかもしれません。

どこまで相関関係があるかは、正確には言えませんが、ズタボロな国だから芸術の栄養素があるかもしれないんですね。住環境の悪さが日本人のストレスに耐える力の強さを生んでいたりするわけですし。

西洋人は温故知新を実践しています。

パリの町も建物の外壁はそのままにしておいて内部だけを新しくする保護工法を実践していたりします。そこまでして昔ながらの景観を守ろうとしているのです。

そういう海外から日本に帰ってくると常に強く感じるのは「東京が世界でいちばん狂っている」ということです。

パリにもロンドンにもニューヨークにもあるような「これぞ温故知新」という歴史のある建物と新築のビルとの共存が東京にはほとんどありません。

渋谷や新宿には歴史の面影はひとかけらもない。町の空気もそうで、古い感覚を排除していくような東京は「最も急いでいる」という感じがあるのです。その日暮らしという感じは、ぼくは嫌いではないんですけど。

明治以降、日本の美術家たちは西洋美術史の輪郭に沿い、ワクからはみだしていないかを気にしながら、意味もわからないまま欧米の人と同じ色を塗りたくってきました。

明治以降の日本の目的は「欧米に追いつくこと」でした。明治以前の文化遺産をすべて捨てて欧米の寄せ集めで出直してまで得たものは常に抱え持つ「欠乏感」だけでした。追いつくための速度は次第に爆発的になりました。欠乏を埋めるためにいつも新しい輪郭を海外の文化に求める日本人……。

明治維新から続く欠乏を応急処置的に埋めてきたのですが、文化とは色を塗る行為ではなくて輪郭を作りだす行為だということを忘れたままの美術史が続いてしまったのでした。

太平洋戦争に負けてからの日本も、アメリカの文化的影響という「太い輪郭線」をありがたく受けとめて色を塗り続けてきたのです。

第二次世界大戦で受けた敗戦の後遺症は、日本の文化の深層の部分でまだまだ大きなトラウマを残しています。

原子爆弾の投下によって敗戦をむかえた事実はあまりにも象徴的で、ぼくのような戦争を実体験していない世代にも大きな影響をおよぼしているのです。

日本人は、ある意味では刹那《せつな》的な考え方をしています。

もともと、江戸時代には大火事が頻繁にあった時にさえ、本来なら惨劇であるはずなのにその逆境を笑い飛ばして「経済の活況を呼びこむもの」と受けとっていたようなところもあります。日本人は大惨事にすばやく対処ができるのです。楽観的なところがあります。

何もかもが一瞬でなくなってしまうこと。そこから何かを新しく生みだすということ。

戦後の焦土の時代から生まれ続けている日本の「かわいい」キャラクターは、アメリカのディズニーの影響を受けていることは明らかですが、

「何もかもなくなったところから新しい命を誕生させたい」

という願望から来ているのかもしれないのです。

そんな意味では日本の文化の本質がキャラクターに宿っているのだとも考えられます。

日本人のキャラクターを愛する習慣は戦後数十年の文脈には留まりません。

神道における神々の設定は「八百万《やおよろず》の神」とも言える多神教です。幽霊や妖怪の世界ともつながりのある汎神《はんしん》信仰です。すべての自然現象に魂が宿っているというアニミズムは日本でキャラクターが大量に生産されてきたことと深い関係があるとぼくは思うのです。

日本人が歴史的に持ち続けてきた、八百万の神が宿るという感覚は現代にも生き続けていると言えます。かわいいキャラクターを生み続ける楽観性は日本人の明るい側面を表現しているのではないでしょうか。

アメリカで開催した『リトルボーイ』展は戦争がテーマでしたから、向こうに住んでいる知りあいに疑問を抱かれたりします。

「ムラカミさんって戦争を体験していないのに、なんでそんなに戦争に対してオブセッシブなんですか？」

「じゃあ、○○さんはどうしてニューヨークに住んでいるんですか？」

「親父が戦争に行ってたんですけど、小さい時にさんざんボヤキを聞かされたんです。そんなに言うなら、俺が乗りこんでいって勝ってやろうかと思ってここにいるんですけど」

「まさにぼくも同じです。ぼくも出発点は親父のボヤキ」

子供の頃、親父からテレビで戦争の映像が映るたびに聞かされた話がありました。

「アメリカの駆逐艦の中で働いた時、ヤツらは下層兵だろうとデザートのプリンまでたらふく食っていた。

俺のような敗戦国のバイトの学生にもいくらでも食っていいよと言う。

それでも食いきれなくて、どんどん食料を海に捨てていく。

毎日のようにそんな光景を見ていたら、あ、これじゃ日本は勝てないはずだと思ったよ」

そのうち、ベトナム戦争が起きました。アメリカは負けました。

それから、父親はアメリカの話はしなくなりました。父親の中で価値が転換したのかもしれないし、ぼくの価値の転換にもなっているかもしれません。

もちろん、ただ単純に言っても戦争はディスコミュニケーションのなれの果てだから興味があるんでしょうね。

欲望の究極はいつも戦争という悪に辿りつくのかもしれなくて、そう考えると、世の中で戦争がなくなるとは考えにくいですから。

ひたすら作品の奴隷になるという境地

ぼくの工房で仕事をしたいと訪ねてくる人はみんな、

「成功しているアーティストのスタジオは理想の世界が実現しているはずだ」

と夢想してくるのですが、そんな世界なんてあるはずありません。

ぼくの仕事場は田舎にポツンと立つプレハブ小屋群です。

華やかな世界とは無縁のまま、朝早くから夜遅くまでコツコツとした単純作業が休日なしで延々と続いている現場です。

最初はそんな仕事場を笑いながら見ている志望者たちもそれが本当に延々と春夏秋冬と続いていくと洒落《しゃれ》では済まなくなりますから、ある日、突然、スッと消えていたりします。

人間は滅びます。

世界のすべては変化し続けます。

予期せぬことも起こります。

芸術はそんな不測の事態を一瞬で理解させられる媒体で、生きる意味を考えさせてくれます。芸術とは命の伝達媒体ですから、時代を超えて人々に受け継がれてゆくものです。

今の芸術家は、もしかしたら、自分のためにものを作りすぎているのかもしれません。

宮崎駿さんが「自分のためでなく子供のために作る」と言うことはよく理解できます。

子供のために作るということを突き詰めてゆけば、自ずと必要な設定が見えますからね。

やはり自分のための茫洋《ぼうよう》な自由の中からではなく、目的に合う設定を作りこまなければ、他人には届かないものになってしまうのだと思います。

『二重螺旋逆転』という作品は、アメリカでチルドレンズホスピタルというプロジェクトに参加していた時の体験を源に作りました。

心臓病や末期癌という重度の病気で苦しむ子供たちの気持ちや、看病に疲れて絶望を抱えた親の気持ちを、詳しくうかがったのです。

死んでいく子供たちに何を話したらいいのだろう？

「君が生まれてきたことは祝福されている」

「人はみんな死ぬけど、大事なことは死ぬまでの時間の中で君が自由になることなんだ」

自分のメッセージを嘘をつかずに子供に伝えたいと願いました。

そこで生まれてきたのが『二重螺旋逆転』のとんがり君の原型で「四肢を投げ出して赤ちゃんのように座っている宇宙人」という基本計画を出しました。ぼくなりの自由を考えて宇宙人と修行僧を合体させてみたのです。

人類が生や死を真剣に考えてきた内容は、古来からの宗教美術に表現されています。子供たちの親もいろいろな宗教に入っているだろうから、特定の宗教を想起させない形で敬虔な気持ちを表わせる姿を求めていたのです。

ただし、デザインはそこから二年ほど難航していました。そんな時、たまたまロンドンでアステカ文明展を見たらそこに千手観音みたいな像があったのです。

こういうイメージはどこの地域文化にも共通なのだなと思いました。

手や顔がたくさんあるのはおそらく人の欲望の象徴であり、人間の限界を突破したい時に使う表現なのだと思いました。

文化を問わない人類共通の発想なら組みいれたいと思いました。

『二重螺旋逆転』のアイデアは、ぼんやりわかる程度のイメージを画商のオーナーたちに見てもらって、スポンサードできるかどうか勝算があるかを査定してもらいました。

そこから制作に入ったのです。

『二重螺旋逆転』はアーティストとしてデビューして以来はじめて完結した大作と言える作品でした。自分のためでなくて、お客さんがいて、作品制作に関わる全員が幸せになるような金銭的プロデュースも含めてぜんぶやりきれましたから。自分の思い描いたアートの世界をちゃんと完結できたのです。

ぼくの作品の制作方法というのは、立体造形師から見ればやりにくいことおびただしいものです。

ぼくは現場の苦労と関係ない立場でものを言えるようにしています。現物を見せてもらい、お客さんとしていい悪いを判断するのです。

原寸の彫刻作品制作は複雑なので、プロデュースの業者さんと実制作の業者さんに依頼をしまして、そしてうちの会社からも担当者を二人つけて、総勢百二十人ほどで制作をはじめました。制作前は首脳陣で集まり、奈良の東大寺大仏と京都の平等院鳳凰堂の見学にいきました。

みなさん、はじめはこの見学の意味がわからなかったようです。むしろせっかくの日曜なのにつらいとか……でもとても大事なものでした。

参加者のみなさんが第一線で忙しく働く人ばかりだからこそ、芸術造形の時間軸を肌で感じてもらう必要がありましたので。

ツアーを終えて、ぼくは京都でスピーチをぶちあげました。

「この見学会をただの懇親会と思わないでください。

ぼくがみなさんにお願いしているのは芸術を作る事業で、つまり時間との戦いなのです。

一か月持てばいいというテレビプロップのような仕事とは違うのです。

千年持つ作品を作るという発想を持って、やっていただきたいのです。

考え方をまったく変えてもらいたいのですが、考え方を変えることは難しいので、今日はこうして来ていただきました」

みなさん「そんなことを言われても……」と思っていたそうですが、作業に入ってしばらくすると発言の意味がわかったのだそうです。

つまり無間地獄のようにやってもやっても終わらない作業なのです。

もしも京都でのいかにもわざとらしいスピーチがなければすぐにやめましょうと投げ出したくなっていただろうと。

ぼくは仏教彫刻の成り立ちに興味がありました。

制作の動機は作者の自由意志ではありません。クライアントの発注ではじまります。西洋的な「作家の自由を勝ちとれ」という動機は薄いものです。

慶派などの仏教彫刻のスタープレイヤーたちの持つスキルやリアリズムは美術的にはすばらしいけど、宗教的な必然性があったかというとそれほどでもなかったりします。

だけど新鮮な解釈で人々に驚きを与える。

宗教のありがたみもプレゼンできている。

そういう過去の仏教彫刻師集団の姿は、現代の日本のフィギュア制作メーカー海洋堂にもつながるとぼくは思うのです。

宗教の伝説は民衆に受けいれられれば次の時代に受け継がれてゆく。最後には時間がふるいにかけてくれる。

だから『二重螺旋逆転』も映画の設定を作るように宗教や伝説や小説を組みこんで、現代のニーズに応えようとしました。

最終的には「なぜ表現しようとしたのか」の魂に辿りつけばいいのです。自分のデザインの根拠を探す仏教美術の調査の過程では、奈良の大仏を作る仏師が名もなき人足だったように、ひたすら労働に打ちこんで作品に隷属するということがいちばん大事なのだという確信を強めました。

作品からは「自分の信じる何かに隷属する」という姿勢が伝わる。デュシャンにしてもウォーホールにしても名もなき人足ですからね。残るのは作品であって人物ではありません。

作品の中に凝縮された考え方が残るもので、それ以外の余分なものは必要ないと言いますか……そう考えると自分は本当に名もなき人足として作品に打ちこんでいかなければならないなぁと思いました。

学生のような気分で「作りたいものに腐心する」というだけ。

もう、それでいいんじゃないだろうかと考えたのです。

言ってることがいろいろでとっちらかってるけれど本当に大きな賭けをする作品の制作時にはある種のトランス状態に入るんです。

学生の頃、必死に絵を描いていた時期を思いだします。

東京藝術大学に入るために、毎日朝の五時から夜の十一時まで絵を描いていた二浪目の生活。それだけ描いていればうまくなるのも当然ですよね。花のスケッチを毎日のように描き続けたことは、後の作品のモチーフにもつながりました。

後に生活のために美大予備校の講師を九年間やりましたが、そこでも花のデッサンを生徒に教えました。

デッサンのクラスのために一日おきに花を買いにいき、構成配置まで自分でやりました。最初の頃は、はっきり言って、あんまり花を描いたり見たりするのが好きではなかったのですが、毎日のように触れあっているうちに、次第に花に接して心を通わす方法がわかってきました。

花の匂いも形も一輪ごとに違う個性があり、そこに可憐《かれん》さを見いだしたのです。

花はかわいいものであり、またセクシュアルなものでもあります。人の顔も極めてセクシュアルな記号です。機会があれば、花と人の顔を合体させたキャラクターを作って、それが密集した風景として、ちょうど、映画の中の流れる群衆のようなものを作れればいいなと思っていました。後にカルティエ現代美術財団から新作を制作する機会をいただいた時に、密集した花の絵画と彫刻と壁紙でそれを表現したのでした。

大学四年の頃は、朝七時から夜十一時まで卒業制作に取り組みました。「四十五分描いて十分寝る」という一日中絵を描き続けるテクニックをあみだしたのもこの時期です（今もたいへんな時はこの方法で乗りきっているのです）。卒業制作は一日十五時間以上描いて五か月以上かけて右手の甲を腱鞘炎《けんしょうえん》にしてまで作ったので「首席も狙えるぞ」と思っていましたが四席に留まりました。

大学院二年の頃の卒業制作では、更に複雑な画法と画材で再び腱鞘炎になるも結果は次席。悔しくて悔しくて、歯ぎしりして泣きました。

二十八歳の頃は、作品のファイルを持って青山界隈の画廊で作品を見せてまわったけど、ぜんぶ断られていたり、博士課程検定作品発表の時も、岩絵の具に奨学金の三〇〇万円を使いきりこれでもかと言うほど気合いを入れていたり……。

美術に関わってから二十五年以上が経ちますが、ふりかえれば、ぼくはいつも、作品を作ってきたのです。当たり前だけれど……。

『二重螺旋逆転』は、最後にはやはり「作りきりたい」という気持ちだけが残りました。他の余分な気持ちが消えたからこそ、いいものができたのだと思います。

いい作品ができる過程というのは、案外そういう原始的なところに落ちつくのでしょうね。

賛否両論の概念が、未来を開いてゆく

アメリカで大評判を呼んだ『スーパーフラット』展は日本の文化の紹介の方法がポイントでした。

概念を輸出する翻訳業務です。

その後にパリのカルティエ現代美術財団で開催した『ぬりえ』展も、二〇〇五年にニューヨークで開催した『リトルボーイ』展もそうです。

一貫して文化の翻訳に集中してきました。

回を重ねるたびに言葉足らずの文脈を補ったため、『リトルボーイ』展では「自分のやりたかったことはまさにこれだ！」というところまで辿りつけました。

リアリティのある日本美術を欧米の美術の世界の文脈に導入していいのではないですか、と提案したのです。

欧米で日本の漫画やアニメが人気ですが、まだ本当の評価はされていないと感じていました。

欧米人は日本文化のある局面はリスペクトしてくれるものの、日本人は基本的に有色人種

であり、率直に言いますと、まだ、欧米人には忌むべき存在でもあるのですから。

極東の島国の敗戦国の人民が何十年もこねくりまわした玩具を楽しんでいるだけです。

だから、

「あなたがたの子供が見ているポケモンはこういう土壌から発生していますよ。

日本は原爆と敗戦の後に、こんな流浪の旅を経てこういう文化に辿りつきました。

知らなくていいことかもしれませんが、知りたい人は見ていってください」

と『リトルボーイ』展で伝えきれたことはうれしいのです。

三部作の展覧会でオタク文化も伝えきれました。

原爆が投下されて、日本人の心にはトラウマができてしまった。

日本はアメリカの傀儡《かいらい》国家であり続けたために、主体性を保持できずに「戦争」「国家」の判断はアメリカなしでは動けないままでいます。

主体性を抜きとられたがゆえに、アメリカの管理下にあまりにも平和な日々を送ることができていた。

そんな日本の芸術がオタク文化なのであるという正真正銘のリアリティを、欧米におもねらずに伝えられたのですから。

『スーパーフラット』展は欧米で大反響を呼びました。

『ぬりえ』展も、「現代の日本のサブカルとアートを並列に楽しむ」というニーズに応えられてかなりうまくハマりました。

『スーパーフラット』展以来のアメリカでの活動を通して、ぼくは日本人が外国で活動していくマナーやタフネスの基礎を学んだつもりでした。

だから、パリのカルティエ現代美術財団で、二つの新作展覧会を同時開催した時には、自信を持ってフランスに乗りこみました。『スーパーフラット』展は東から西までアメリカ全土を数年かけて横断したのですから、次の『ぬりえ』展も大丈夫だろう、と。

しかし、個人主義というより自分主義というようなフランスの文化には、驚きました。

言語の溝はもちろんのこと、著作権の考え方、美術館の現場の方法、契約、芸術家の意見を聞かないプライドの高い現場のスタッフ……オープニング直前までカルティエ財団側の人物たちとの心理戦が果てしなく続きましたが、オープニングは五千人が押しよせる大盛況になりました。

アメリカにおける「フェア」はフランスでは通用しませんでした。約束が約束でない局面に立たされ、NOと言われ、過去の芸術の都の栄光がぶらさがっていて、英語が嫌いでアメリカが嫌いで、だけどアメリカでヒットしているものはイヤイヤながら認めているという複雑さ……驚くべきは、日本を見る目がいまだに極度のオリエンタリズムの色眼鏡のままだったということでした。

カルティエ現代美術財団が用意してくれた舞台は二つの新作展覧会場でした。体育館の二倍の広さのスペースを二つぶん。無茶な企画でした。二つの大プロジェクトを八か月で企画立案実行したのですから無理が生じても当然です。グループ展には、ポケモン、ガンダム、NIGOさん、北野武さん、蔦谷喜一さん、篠山紀信さんと大物クリエイターを揃え、テーマは戦後の日本文化のまとめでした。

五千人ほどの人間が会場に押しよせると、オープニングはパニックになりました。動けないほどの人の波。ショップにも動けないほどの人の列。あれだけ睨みあっていたスタッフたちもニコニコ顔に豹変《ひょうへん》しました。ぼくに心から「おめでとう」と言ってくれる。さすがにラテンのお人柄だなぁと思いました。ヘトヘトになりましたが、イヤなことも忘れて短期間パリ郊外にスタジオを設立することにもしたのです。カルティエでのこの展覧会は八万人もの観客を集めた大ヒット企画になりました。

ただし『ぬりえ』展の時のぼくには政治の文脈を練りこむほどの力量はありませんでした。そこで悔しくて『リトルボーイ』展で「戦後の日本」「戦後の美術」を描ききろうとしたのです。

しかも、座標軸を描ききっただけでは充分ではありません。

ウケなければなりません。

『リトルボーイ』展はニューヨークで大きな話題になり、つまり大ヒット興行となったのです。

海外で評価をいただくためのプレゼンが『スーパーフラット』展だとすれば、日本人の素直な感覚のままアメリカに再上陸したのが『リトルボーイ』展で、しかもそれがウケたのだからうれしかったのでした。

二〇〇一年に『スーパーフラット』展を開催してアメリカで成功した背景にはまちがいなくタイミングのよさもあると思います。

同時多発テロ以来、アメリカ人はいくら強がっていても以前とはどこかズレましたから。傷ついた心の隙間にスッと入ったのではないかと思うんです。

様々な要素が合体してはじまったヒットだと思いますが、スーパーフラットシリーズ三部作の最後の『リトルボーイ』で、はじめて「日本文化をそのまま伝えてもちゃんと理解してもらえるのだ」と実感できました。

『スーパーフラット』展はぼくの名を欧米に知らしめてくれました。そこにははじめての衝撃がありました。

二〇〇五年に開催した『リトルボーイ』展の方が明らかに深度も精度も上まわるものだと

自信があるのですが、それでもメジャーになった瞬間の怖さというものを感じましたね。つまりメジャーになると終わりがあるということです。

カルト作家は終わらなくていいんです。知る人ぞ知る存在で居続けるなら、知らない人がはじめて見るというだけで生きのびていけるから。

ただ、「もうみんなが知ってしまった」という地点に来た後には、どうすればいいのか。

ぼくは『リトルボーイ』で自分の考えるオタク文化を、偽りなく解説しつくしました。戦後の日本のオタク文化の抱える文脈は、欧米の美術の世界にちゃんと伝わりました。

そうであるがゆえの怖さがあるのですね。

もしも日本のオタク文化自体に潜在能力がなければ、もう二度と欧米ではひろがらないものになるかもしれないと言いますか……メジャーになるのは危険なことでもあるのです。

否定や批判が来ないと、「今」という時にぴったり合いすぎていることになります。

それでは未来は作れません。極端なこともやって、批判も含めて包みこむような大きな作品にしないと、表現の現場、例えば美術館などは沸かないんですよね。

芸術作品は人の心を動かしてはじめて成立します。

だから、ぼくにとっては、「賛否両論」というのが、コミュニケーションのポイントになるのです。

『リトルボーイ』展をしたことで、将来に残るべき日本の作品を多角的に眺めるきっかけが作れて、特に英語圏には有用なテキストを提供できたと思うので、よかったのです。

イラクが占領状態にある時期に『リトルボーイ』を出せたこともよかったと思います。ただ、ぼく自身はもともと、ジョン・レノンの反戦運動に「何してるの？」と疑問を抱いていたような人間でしたが、そんな自分が結果的には反戦に近いメッセージを提示している……。

結局、人間はどこかで歴史の流れに抗うことはできずに、同じような軌跡を辿り、同じような循環をしてちんまりしていくんだなぁとは思います。

歴史をふりかえると、結局、いつか誰かが来たような場所に辿りついて、同じようなことを語りはじめて、突飛なことは言えないようにできていると言いますか。

オタク文化の翻訳で思うのは、オタクというのは、やはり世の中で言われているままの文化であるということなのです。現実逃避からはじまり、欲望に肉薄している暗い表現。

しかし「るつぼ」のような状態で文化が成熟してゆくうちにいつしかオタク的な文化は日本のオリジナルな表現になってゆきました。「オタクの起源からものを見つめていく態度」によっては、ぼくはオタク文化は本当に美しい美術になりうる時もあるのではないかと主張し続けました。

文化に橋をかけるという気持ちでやっていることがオタクを搾取して自分の作品にしてい

ると敵視されることもあります。

まぁしかたがありません。

いつだってわかっていない人はいるのです。

ぼくを敵視する人間はそれによって嫉妬や不可解な感覚を消すことができるからそうするのであって、それは、ぼく自身の活動とは関係がないのですから。

ぼくの日本文化への言及については、オタクから批判されることもあれば、日本の美術の世界で批判されることもありますが、そういう時はいつも、

「じゃあ世界に向けて翻訳してみろよ」

と思います。本当のオタクは翻訳の必然性をまったく感じないのでしょうけど。

だからぼくのオタク文化の翻訳には、日本人のオタクが想定していないような言葉づかいが混ざるのです。

今は、日本から世界に飛びだすチャンスだと思います。

本当に、何をしても、成功するのではないでしょうか。

日本も戦後六十年の「敗戦文化」みたいなものが身にしみているので、敗戦文化独特の強みが出てきているし、文化は重層化しているし……。

『リトルボーイ』展を開催するにあたり実感したのは、日本は戦争に負けて復興したのでは

なく、戦争に負け続けているということです。

ただし、実際はアメリカに食いものにされているその文化も悪くないと言いますか……今はアメリカもリベラルな都市に行くと同時多発テロやイラク戦争の影響で、「勝ち」だけではない雰囲気がかっこいいとされているわけです。

そういうところに負け組の長たる日本人が行くと、

「負け文化はこう組織化するのがきれいなんだよ」

とか教えることができたりするかもしれません。

このことは、日本の文化をそのまま持っていっても評価される時代が既に来ているということだと思います。

そのために必要なものは何か？　もちろんそれは、世界に持っていくというガッツです。

あとがき

私はなぜ日本人として生まれ芸術家という職業を選び、そしてその環境にフラストレーションを感じ、のたうち回っているんだろう？

抜本的なる解決方法はないのか？

そうだ、日本を離れ芸術の本場に行くことで環境的なる憤懣《ふんまん》は解決できるはずだ。

そう思って日本を後にしたのが十数年前。

日本で感じていた鬱憤《うっぷん》はすべて解決！

「だから日本は、日本のアートシーンはヘボいんだよ！」

……と、思ったのもつかのま、もっともっと大きな問題を発見するに至りました。

それは「業界」といった括りでの問題提起ではなく、芸術的なる問題、すなわち「オリジナルはもうこの世に存在しない！」とかいった、芸術家の雄叫び……ではなく、「コミュニケーション」の本質に迫っていくに至る厳然とした「壁」を発見したのです。

人種、環境に由来する同じに見える「人」という種族の、どうしようもない理解できうる限界点。それをあたかも突破可能に見える「マネー」という共通言語的なるコミュニケーションツール。

つまり「マネー」の理解でき得ぬ「壁」は、芸術内のドメスティックな問題よりも遥かに本質的で、解決不可能状態なる「人」の業であり、その部分との接触点の検索なしでは現代の芸術たり得ないという道筋を発見してしまったのです。

ダ・ヴィンチもピカソもゴッホもウォーホールも狩野永徳も利休も藤田嗣治も北大路魯山人も黒澤明も宮崎駿も皆、結局は世間との接点である「マネー」をどう自分にひきよせたり引っぱがしたりしていくかが、芸術家人生内の大問題であったのです。

芸術は、アートは、「マネー」との関係なくしては進めない。

一瞬たりとも生きながらえない。

なぜならば、芸術は人の業の最深部であり核心であるからなのです。

しかし、日本ではその事実を突きつけた瞬間、浪花節のこぶしの力で！

気合いで!!

「金に汚い人間は古来より尊ばれている武士道に反する！」

と目くじらを立てられることも、これまた事実。

よって、問題の本質が見えづらくなってきましたし、その部分を悪用し、芸術の本質的なる文脈を脱臼させたメディアを足場にした「まやかし」も見抜けぬ有様となってしまいました。


芸術は人が造る。人を超えていこうとする芸術は、超えるが故に超人的なる行為の集積が必然であり、そのモチベーション、環境をケアし続けるには「マネー」は〈なくてよいもの〉ではないのです。

時間も心も兌換《だかん》できうるに足るきっかけの一つとして、蔑《さげす》んではいけないツールなのです。


芸術起業論。

私は芸術を生業とすることに誇りを感じており、後ろめたさ等、万分の一もなく、そしてその「マネー」＝「金」こそが人間が超人として乗り越えるべき時にでも、へばりつく最後の業でもある、だから、故に、この業を克服していく方法こそが真の、現代において練りあげられるべき「芸術」の本体であると思っているのです。

オークションの価格に驚くのではなく、なぜ、人は人の造りし「美」に向かい心も賭していくのかの核心を摑むべきだと思います。


「私は『美』のために働いて行きたい。

そして日本、世界のどこにおいても『美』を創造し、その名の下に喜びを分かち合いたい。

そのために土壌造りから始めなければならないなら喜んで泥まみれになる。

なぜなら『美』の前に立つ時だけは、みなが平等になれる、というファンタジーを一瞬、実現してくれるから。分かり合おうとする人の欲望の果てを、手に入れられる希望があるから。

そのために働き続けたい。死ぬ時までこの気持ちが続くよう毎日祈るような気持ちで嫌がる体を引きずって、『美』の従者たり得るよう、ひたすら生きてゆければ、そう思っています」

二〇〇一年に東京都現代美術館で行った個展「召喚するかドアを開けるか回復するか全滅するか」のカタログで、私はこう書きました。

このカタログは、当時ヒロポンファクトリーという集団からカイカイキキという有限会社になり、アートマネジメントを本格的に行う組織に向かってスタートを切ったばかりの頃、その業務の内容を具体的に開示したもので、私としては日本の、否、おこがましいのですが、世界のアート業界への業界改革宣言的な気持ちがありました。そして今現在もその気持ち、文言に曇りはありません。

本書の制作には、四年ちかくの歳月を費やしました。

幻冬舎の穂原俊二さん。よくぞここまで耐えてくださいました。いくらわがままなアーティスト相手でも本を二冊ぶんチャラにして、まだ完成させようとするそのガッツに敬服します。この本は穂原さんの本です。

そして、その間に多くの方のお世話になりました。幻冬舎の舘野晴彦さんと石垣恵美さん、原稿制作に関わってくださった富永明子さん、藤原えりみさん、真下義之さん。最終的に形になったこの本の文章を構成してくださった木村俊介さん。ブックデザインの鈴木成一さんと鈴木貴子さん。どうもありがとうございました。弊社カイカイキキの笠原ちあきにもケッパってもらいました。

また、こうした本を書くに至る芸術の道に私を踏みこませてくれたギャラリーオーナーの小山登美夫さん。日本の芸術の商いの道は厳しいですよね。他たくさんの芸術業界の人々との関わり（軋轢含む）がなかったら、偉そうな御託一つも語れませんでした。ありがとう。

二〇〇六年六月

村上隆

村上 隆 むらかみたかし

アーティスト。有限会社カイカイキキ代表。

一九六二年東京に生まれる。東京藝術大学大学院美術研究科博士後期課程修了。九一年個展「TAKASHI, TAMIYA」でアーティストとしてデビュー。九四年ロックフェラー財団のACCグラントによりPS1.ARTPROJECTの招待を受け、ニューヨークに滞在。九八年には、UCLAのアートデパートメント、ニュージャンル科に客員教授として招かれる。

日本アニメなどのサブカルチャーをベースに敷いたポップな作品が海外でも高く評価されている。主な個展に二〇〇一年「召喚するかドアを開けるか回復するか全滅するか」(東京都現代美術館)、〇二年「kaikaikiki」(カルティエ現代美術財団)など。高さ七メートルの巨大彫刻「二重螺旋逆転」は〇三年NYロックフェラーセンター、〇五年六本木ヒルズで屋外展示され、話題を呼んだ。

現在ニューヨークと日本に拠点を置き、各種のメディアやイベントなど多角的活動や若手アーティストのプロデュース、展覧会のキュレーションも積極的に展開している。そして、アートイベント「GEISAI」を主宰する一方、六本木ヒルズのキャラクターやルイ・ヴィトンとのコラボレーションなども手がける。

日本の芸術の本質を探る試みである「Superflat プロジェクト」は、〇一年ロサンゼルス現代美術館等をはじめアメリカを巡回した Part1「Superflat」展、〇二年パリのカルティエ現代美術財団での Part2「Coloriage（ぬりえ）」展、〇五年にNYジャパン・ソサエティギャラリーでの Part3「Little Boy」展で話題のうちに完結した。〇七年にはロサンゼルス現代美術館にて、大規模な回顧展が予定されている。

主な著書

「DOBSF」（美術出版社）
「召喚するかドアを開けるか回復するか全滅するか」（カイカイキキ）
「SUPER FLAT」（マドラ出版）
「リトルボーイ」（ジャパン・ソサエティ）
「けばけば」（北川悠仁共著／カイカイキキ）
「ツーアート」（ビートたけし共著／ぴあ）ほか。

受賞歴

国内

二〇〇三年 第四十六回FEC賞 特別賞

二〇〇四年　コンパニヨン・デュ・ボージョレー騎士号授与
二〇〇四年　カルチャー部門『タグ・ホイヤー　ビジネス・アワード二〇〇四』（ダイヤモンド社）
二〇〇六年　第十一回ＡＭＤアワード功労賞（Digital Contents of The Year'05）
二〇〇六年　平成十七年度（第五十六回）芸術選奨文部科学大臣新人賞（芸術振興部門）

海外

二〇〇五年　文化芸術賞（ニューヨーク／ジャパン・ソサエティ）
二〇〇六年「ベスト展覧会」受賞（ニューヨーク／ＡＩＣＡ）

ホームページ

Kaikai Kiki ホームページ http://www.kaikaikiki.co.jp/
GEISAI ホームページ http://www.geisai.net/

レギュラー番組

「村上隆のエフエム芸術道場（毎週土曜日深夜三～四時）」ＦＭ ＴＯＫＹＯ

この作品は二〇〇六年六月小社より刊行されました。
本文の内容はすべて単行本当時のものです。

芸術起業論《げいじゅつきぎょうろん》

村上隆《むらかみたかし》

平成30年12月10日　初版発行
令和7年5月25日　3版発行

発行人――石原正康
編集人――宮城晶子
発行所――株式会社幻冬舎
〒151-0051東京都渋谷区千駄ヶ谷4-9-7
電話　03(5411)6222(営業)
　　　03(5411)6211(編集)
公式HP　https://www.gentosha.co.jp/

印刷・製本―株式会社　光邦
装丁者――高橋雅之

幻冬舎文庫

ISBN978-4-344-42814-0　C0195　む-10-1